权威·前沿·原创

皮书系列为
"十二五""十三五"国家重点图书出版规划项目

BLUE BOOK

智 库 成 果 出 版 与 传 播 平 台

四川蓝皮书

BLUE BOOK OF
SICHUAN

四川城镇化发展报告
（2020）

ANNUAL REPORT ON URBANIZATION DEVELOPMENT
OF SICHUAN(2020)

主　编／向宝云
副主编／王　芳

社会科学文献出版社
SOCIAL SCIENCES ACADEMIC PRESS（CHINA）

图书在版编目（CIP）数据

四川城镇化发展报告. 2020 / 向宝云主编. −−北京：
社会科学文献出版社，2020.9
（四川蓝皮书）
ISBN 978 − 7 − 5201 − 7152 − 6

Ⅰ.①四… Ⅱ.①向… Ⅲ.①城市化 − 研究报告 − 四
川 − 2020 Ⅳ.①F299.277.1

中国版本图书馆 CIP 数据核字（2020）第 159891 号

四川蓝皮书
四川城镇化发展报告（2020）

主　　编／向宝云
副 主 编／王　芳

出 版 人／谢寿光
责任编辑／王　展
文稿编辑／李惠惠

出　　版／社会科学文献出版社·皮书出版分社（010）59367127
　　　　　地址：北京市北三环中路甲 29 号院华龙大厦　邮编：100029
　　　　　网址：www.ssap.com.cn
发　　行／市场营销中心（010）59367081　59367083
印　　装／天津千鹤文化传播有限公司

规　　格／开　本：787mm × 1092mm　1/16
　　　　　印　张：14.5　字　数：212 千字
版　　次／2020 年 9 月第 1 版　2020 年 9 月第 1 次印刷
书　　号／ISBN 978 − 7 − 5201 − 7152 − 6
定　　价／128.00 元

四川蓝皮书编委会

主　任　李后强　　向宝云

副主任　姚乐野

编　委（按姓氏拼音排序）：

安中轩　陈井安　陈　映　陈　妤　柴剑锋
达　捷　代坤宏　杜　婵　郭晓鸣　侯水平
黄　进　何祖伟　李明泉　李卫宏　李晟之
廖冲绪　刘　伟　骆　希　彭　剑　庞　淼
盛　毅　王　芳　杨　钢　杨　波　周南华
张立伟　张克俊

《四川城镇化发展报告（2020）》
编 委 会

主　编　向宝云

副主编　王　芳

撰稿人　（以文序排列）

张　霞　王　倩　张鸣鸣　曾旭晖　里　昕

冉　敏　吴振明　周　杰　涂文明　梁玉莹

罗　楠　易晓芹

主要编撰者简介

主　编

向宝云　文学博士，研究员，四川省社会科学院院长，主要研究方向为文艺学、中国现当代文学、文化产业。在《新华文摘》《学术月刊》《光明日报》等报刊上发表论文 80 余篇，出版《曹禺悲剧美学思想研究》等著作。多项成果获四川省哲学社会科学优秀成果奖二等奖、三等奖，四川省文学奖，四川省文艺评论一等奖、二等奖，四川省"五个一个工程"理论文章奖等。

副主编

王　芳　经济学博士，四川省社会科学院区域经济与城市发展研究所副研究员，主要研究方向为区域经济、产业经济、城乡融合等。连续多年参与《四川省城镇化发展报告》（蓝皮书）编撰工作，参与国家社会科学基金课题 1 项，参与四川省规划重大课题 1 项，主持和参与省级、市级课题研究30 余项，获四川省社会科学优秀成果二等奖 1 项。

摘　要

本书共分为三个部分。第一部分为总报告，分为四川城镇化发展水平测度和前景展望两个部分。重点分析了 2018 年全国及四川省城镇化发展水平，并利用"四川城镇化发展水平综合评价指标体系"对四川 21 个市（州）的城镇化发展水平进行综合评价与深入分析，旨在从整体上摸清四川城镇化水平在全国的地位和排名，从结构上剖析省内 21 市（州）的城镇化发展不均衡的原因，立足当前，找出关键短板所在，以期重点突破。展望未来，四川城镇化发展面临新的挑战和发展契机，健康城市、绿色生产生活、补齐基础设施与公共服务短板、城市与社区治理、城乡统筹等方面将是城镇化建设的重中之重。第二部分为农民工与城镇化篇，是以"新时代的农民工"为主题形成的三篇相对独立又有内在关联的发展报告，从历史的、全局的、战略的高度重新审视、深入分析农民工问题。主要通过实地调研和问卷调查等方式，回顾和描述改革开放以来四川农民工的历史贡献，总结四川农民工工作的有益探索和经验，分析新型城镇化和乡村振兴发展战略下四川农民工产生的变化及其机理，了解和分析新时代四川农民工的主要特征、发展取向、面临的问题和体制机制障碍，为出台相应的政策措施提供依据。第三部分为专题篇，针对四川省城镇化发展过程中的政策焦点、社会热点问题进行描述和分析。主要运用计量分析、实证研究和案例分析等方法对四川城镇化推进过程中的路径选择、中心城市辐射力、特色镇建设、城市圈建设和产业结构重塑等问题进行深入的研究。

关键词： 新型城镇化　公共服务　城乡差异　乡村振兴

前　言

诺贝尔经济学奖获得者斯蒂格利茨曾预言，中国的城镇化与美国的高科技是 21 世纪世界经济发展的"两大平衡发动机"。[①] 2014 年，中共中央、国务院印发《国家新型城镇化规划（2014～2020 年）》，提出 2020 年实现常住人口城镇化率达到 60% 的目标。2019 年，我国城镇常住人口达到 84843 万人，占总人口的比重为 60.6%，提前一年实现规划目标。这意味着我国城镇化发展取得举世瞩目的成就，为中国经济增长做出了杰出的贡献。

一　新型城镇化是农民工市民化的城镇化

伴随工业化与城市化的发展，劳动力从农业部门向非农部门转移是经济发展的客观规律，中国经济发展在遵循这一规律的同时有其特殊性，特殊国情下传统二元体制的樊篱赋予了农业转移群体一个特殊的称号——农民工。他们在城市工作和生活，成为城市产业工人的重要组成部分，但户籍仍在农村并承包土地，这是中国特有的现象。作为改革开放的实践者，农民工在各行各业为国家建设和发展做出了积极贡献，是中国能够在短短几十年间建成产能巨大的工业体系、功能健全的城镇体系和建设日新月异的乡村不可忽视的重要力量。可以说，改革开放 40 多年来，农民工大军推动了中国工业化和城镇化的快速发展。

由于我国工业化与城镇化发展不同步，城镇化发展长期滞后于工业化发展，尤其是户籍制度的限制，造成农民工长期"钟摆式"流动。

---

① 张正河：《城镇化与农民工市民化》，《中国科学报》2014 年 3 月 14 日。

2020年新冠肺炎疫情暴发后，因实施人口流动管控，我国部分地区又面临抗疫复产用工荒的压力。因此，下阶段应该更加深化对"以人为核心"的城镇化的认识。

如果说前阶段的城镇化是缔造了2.8亿名农民工的城镇化，那么新阶段的城镇化应当是农民工市民化的城镇化。[①]

二 中心城市和城市群带动区域经济发展

2019年8月26日召开的中央财经委员会第五次会议指出，当前我国经济发展的空间结构正在发生深刻变化，中心城市和城市群正在成为承载发展要素的主要空间形式。新形势下促进区域协调发展，要按照客观经济规律调整完善区域政策体系，发挥各地区比较优势，促进各类要素合理流动和高效集聚，增强创新发展动力，加快构建高质量发展的动力系统，增强中心城市和城市群等经济发展优势区域的经济和人口承载能力。[②] 这意味着我国城镇化已经进入新的发展阶段——中心城市带动城市群从而推动区域经济发展，中心城市和城市群的发展将为我国现代化建设奠定高质量的发展基础，成为我国经济高质量发展的关键支撑。

四川处于以成都为中心城市，成都平原城市群、川南城市群、川东北城市群和攀西城市群等四大城市群加快形成的关键时期。2018年6月，四川省委十一届三次全会提出了"一干多支、五区协同"的发展战略，通过成都这一中心城市来辐射带动四大城市群发展，进而带动其他区域联动发展。"一干多支、五区协同"战略更加注重打造成都"主干"，只有主干做强，引领辐射带动作用才能得到充分发挥；更加注重培育区域中心城市，着力打造绵阳、德阳、乐山、宜宾、泸州、南充、达州七个区域中心城市，为培育发展全省经济副中心奠定基础、创造条件；更加注重区域板块协同发展，通

---

① 宋晓梧：《新阶段的城镇化应当是农民工市民化的城镇化》，《新京报》2018年9月15日。
② 《习近平主持召开中央财经委员会第五次会议》，中国政府网，2019年8月26日，http://www.gov.cn/xinwen/2019-08/26/content_5424679.htm。

过打造优势互补、合作共赢的区域发展共同体，加快形成"一干多支、五区协同"发展新格局。①

---

① 彭清华：《关于〈中共四川省委深入学习贯彻习近平总书记对四川工作系列重要指示精神的决定〉和〈中共四川省委关于全面推动高质量发展的决定〉的说明》，《四川党的建设》2018 年 7 月 5 日。

目 录

Ⅰ 总报告

Ⅱ 农民工与城镇化篇

Ⅲ 专题篇

皮书数据库阅读**使用指南**

总 报 告

General Reports

B.1
四川省城镇化发展水平测度

"四川省城镇化发展报告 2020" 课题组*

摘　要：　本报告重点分析了 2018 年全国及四川城镇化发展水平，利用
四川城镇化发展水平综合评价指标体系对四川 21 个市（州）
的城镇化发展水平进行综合评价与深入分析。结果表明，
2018 年四川省城镇化率虽然低于全国城镇化率，但与全国平
均水平的差距进一步缩小；成都平原经济圈所在城市城镇化
率整体性水平高，甘孜、阿坝和凉山三州的城镇化水平缓慢
提升；21 个市（州）"公共服务"和"协调发展"整体表现
优秀，"产业支撑"和"基础设施"成为阻碍城镇化综合水
平提升的主要短板。

---

* "四川省城镇化发展报告 2020" 课题组由本书编委会组成，本报告执笔人为张霞。张霞，博
士，四川省社会科学院区域经济与城市发展研究所副研究员，主要研究方向为区域经济、公
共管理。

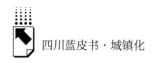
关键词: 新型城镇化 城镇化率 城镇化水平测度

2018 年,四川省城镇化水平进一步提高,城市型社会形态愈加明显,"以城市群为主体形态,推动大中小城市和小城镇协调发展"① 的城镇化格局已初步形成,新型城镇化的巨大潜力和发展动能正在加快释放。

一 2018年四川城镇化发展总体情况

城镇人口规模和占比是衡量城镇化进程的重要指标。2018 年,四川省常住人口城镇化率②达到 52.29%,城镇人口规模为 4341.12 万人。相较于 2017 年,城镇化率提升了 1.5 个百分点,城镇人口增加 124.53 万人(见图 1)。

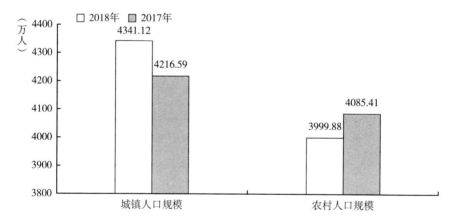

图1 2017～2018 年四川省城镇人口与农村人口规模比较

资料来源:《四川统计年鉴 2019》。

---

① 《四川新型城镇化规划(2014～2020)》。
② 若无特别说明,本文"城镇化率"均指"常住人口城镇化率"。

2002～2018 年，全国城镇化率从 39.09% 提高到 59.58%。2002 年以来，四川省城镇化虽获得较快发展，但城镇化率始终未能追上全国平均水平，存在一定差距。值得欣慰的是，这个差距在逐年缩小，2018 年与全国城镇化率的差距为 7.29 个百分点（见表 1）。

表 1　2002～2018 年四川省与全国城镇化率比较

单位：%，个百分点

年份	四川省	全国	四川省与全国差距
2002	28. 20	39. 09	10. 89
2003	30. 10	40. 53	10. 43
2004	31. 10	41. 76	10. 66
2005	33. 00	42. 99	9. 99
2006	34. 30	44. 34	10. 04
2007	35. 60	45. 89	10. 29
2008	37. 40	46. 99	9. 59
2009	38. 70	48. 34	9. 64
2010	40. 18	49. 95	9. 77
2011	41. 83	51. 27	9. 44
2012	43. 53	52. 57	9. 04
2013	44. 90	53. 73	8. 83
2014	46. 30	54. 77	8. 47
2015	47. 69	56. 10	8. 41
2016	49. 21	57. 35	8. 14
2017	50. 79	58. 52	7. 73
2018	52. 29	59. 58	7. 29

资料来源：《四川统计年鉴 2019》《中国统计年鉴 2019》。

2018 年四川省城镇化率在全国 31 个省区市（港澳台除外，下同）中排名第 24 位（见表 2）。从本质上讲，由人口向城镇集中而推动城镇规模扩大的城镇化，绝非仅是一种自发的人口流动，抑或是计划的产业演进，还是一项意义深远的经济体系、社会结构和空间功能的系统变迁过程①，基于此，各省（区、市）都有推进新型城镇化发展的强大动力。

---

① 赵磊、方成：《中国省际新型城镇化发展水平地区差异及驱动机制》，《数量经济技术经济研究》2019 年第 5 期。

表2 2018年全国31个省（区、市）城镇人口规模、城镇化率及排名

单位：万人，%

排名	省（区、市）	地区	城镇人口规模	城镇化率
1	上海市	东部	2136	88.10
2	北京市	东部	1863	86.50
3	天津市	东部	1297	83.15
4	广东省	东部	8022	70.70
5	江苏省	东部	5604	69.61
6	浙江省	东部	3953	68.90
7	辽宁省	东北	2968	68.10
8	福建省	东部	2594	65.82
9	重庆市	西部	2032	65.50
10	内蒙古自治区	西部	1589	62.71
11	山东省	东部	6147	61.18
12	湖北省	中部	3586	60.30
13	黑龙江省	东北	2268	60.10
14	海南省	东部	552	59.06
15	宁夏回族自治区	西部	405	58.88
16	山西省	中部	2172	58.41
17	陕西省	西部	2246	58.13
18	吉林省	东北	1556	57.53
19	河北省	东部	4264	56.43
20	江西省	中部	2604	56.02
21	湖南省	中部	3865	56.02
22	安徽省	中部	3459	54.69
23	青海省	西部	328	54.47
24	四川省	西部	4362	52.29
25	河南省	中部	4967	51.71
26	新疆维吾尔自治区	西部	1266	50.91
27	广西壮族自治区	西部	2474	50.22
28	云南省	西部	2309	47.81
29	甘肃省	西部	1258	47.69
30	贵州省	西部	1711	47.52
31	西藏自治区	西部	107	31.14
—	全国	—	83137	59.58

资料来源：《中国统计年鉴2019》。

从区域角度来看，四川省的城镇化率与东部地区差距最大，东北和中部地区次之，低于全国城镇化率平均水平（见图2）。四川省的城镇化率比东部城镇化率最低的河北省仍低4.14个百分点；与东北地区城镇化率最低的吉林省相比低5.24个百分点；与中部地区相比，只比河南省略高0.58个百分点。

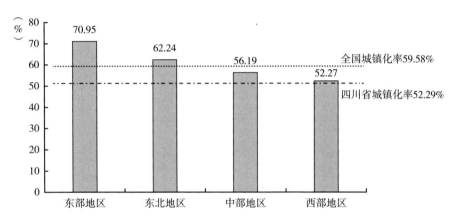

图2 2018年四川省与全国及东部、中部、西部、东北地区城镇化率比较

与全国各省（区、市）城镇化率增幅相比，四川呈现较快的增长态势。2018年四川省城镇化率高出2017年1.50个百分点，增幅在全国31个省（区、市）中排名第3位（见表3），比2017年的增幅排名前进了5个位次。

表3 2017~2018年全国31个省（区、市）城镇化率比较及增幅排名

单位：%，个百分点

城镇化率增幅排名	省(区、市)	2017年城镇化率	2018年城镇化率	2018年增幅
1	河南省	50.16	51.71	1.55
2	新疆维吾尔自治区	49.38	50.91	1.53
3	四川省	50.79	52.29	1.50
4	贵州省	46.02	47.52	1.50
5	河北省	55.01	56.43	1.42
6	江西省	54.60	56.02	1.42
7	重庆市	64.08	65.50	1.42

续表

城镇化率增幅排名	省（区、市）	2017年城镇化率	2018年城镇化率	2018年增幅
8	湖南省	54.62	56.02	1.40
9	青海省	53.07	54.47	1.40
10	陕西省	56.79	58.13	1.34
11	甘肃省	46.39	47.69	1.30
12	安徽省	53.49	54.69	1.20
13	云南省	46.69	47.81	1.12
14	山西省	57.34	58.41	1.07
15	海南省	58.04	59.06	1.02
16	福建省	64.80	65.82	1.02
17	广西壮族自治区	49.21	50.22	1.01
18	湖北省	59.30	60.30	1.00
19	浙江省	68.00	68.90	0.90
20	宁夏回族自治区	57.98	58.88	0.90
21	吉林省	56.65	57.53	0.88
22	广东省	69.85	70.70	0.85
23	江苏省	68.76	69.61	0.85
24	黑龙江省	59.40	60.10	0.70
25	内蒙古自治区	62.02	62.71	0.69
26	辽宁省	67.49	68.10	0.61
27	山东省	60.58	61.18	0.60
28	上海市	87.70	88.10	0.40
29	西藏自治区	30.89	31.14	0.25
30	天津市	82.93	83.15	0.22
31	北京市	86.50	86.50	0.00

资料来源：《中国统计年鉴2019》。

从四川省21个市（州）城镇化水平来看，各市（州）表现不尽相同，既有高水平的城镇化模式，也存在较低水平的城镇化状态。21个市（州）中，成都市以73.12%的城镇化率排名第一位，接近全国高城镇化水平区域；同时，甘孜藏族自治州城镇化率仅为31.66%（见表4），与全国城镇化水平最低的西藏（31.14%）接近。此外，21个市（州）中，有8个城市的城镇化率超过50%，已经从乡村型社会转变到城市型社会形态。

表4 2018年四川省21个市（州）城镇化率及排名

单位：%

排名	市（州）	城镇化率	排名	市（州）	城镇化率
1	成都市	73.12	12	雅安市	46.85
2	攀枝花市	66.59	13	眉山市	46.32
3	自贡市	52.61	14	广元市	45.63
4	绵阳市	52.53	15	达州市	45.52
5	德阳市	52.35	16	资阳市	42.71
6	乐山市	51.83	17	广安市	41.86
7	泸州市	50.46	18	巴中市	41.85
8	遂宁市	50.02	19	阿坝州	40.00
9	宜宾市	49.64	20	凉山州	35.71
10	内江市	49.10	21	甘孜州	31.66
11	南充市	48.14	—	全省	52.29

资料来源：《四川统计年鉴2019》。

以2018年全国城镇化率（59.58%）、四川省城镇化率（52.29%）以及城镇化率50%为划分标准，可以将21个市（州）城镇化率划分为四个不同区间：一是高于全国城镇化率的城市，只有成都市和攀枝花市迈进该区间，代表了四川省城镇化发展的最高水平；二是高于四川省城镇化率却低于全国城镇化率的城市，分别是自贡市、绵阳市和德阳市；三是城镇化率高于50%却低于四川省城镇化率的城市，分别是乐山市、泸州市和遂宁市；四是城镇化率低于50%的城市，剩余的13个市（州）均属此类（见表5）。

表5 2018年四川省21个市（州）城镇化率分布

城镇化率划分区间	个数	市（州）（城镇化率）
$\partial_i > 59.58\%$	2	成都市（73.12%）攀枝花市（66.59%）
$52.29\% \leq \partial_i \leq 59.58\%$	3	自贡市（52.61%）绵阳市（52.53%）德阳市（52.35%）
$50\% \leq \partial_i < 52.29\%$	3	乐山市（51.83%）泸州市（50.46%）遂宁市（50.02%）
$\partial_i < 50\%$	13	宜宾市（49.64%）内江市（49.10%）南充市（48.14%）雅安市（46.85%）眉山市（46.32%）广元市（45.63%）达州市（45.52%）资阳市（42.71%）广安市（41.86%）巴中市（41.85%）阿坝州（40.00%）凉山州（35.71%）甘孜州（31.66%）

注：∂_i代表i市（州）的城镇化率。

从 21 市（州）城镇化率变动情况来看，除攀枝花市外，2018 年各市（州）城镇化率增长幅度均在 1 个百分点以上（见表 6）。其中，2018 年自贡市城镇化率增幅同 2017 年一样居全省榜首，增幅为 1.69 个百分点。

表6　2017～2018 年四川 21 个市（州）城镇化率增幅及排名

单位：%，个百分点

增幅排名	市(州)	2018 年城镇化率	2017 年城镇化率	2018 年增幅
1	自贡市	52.61	50.92	1.69
2	南充市	48.14	46.47	1.67
3	乐山市	51.83	50.17	1.66
4	广元市	45.63	43.98	1.65
5	广安市	41.86	40.24	1.62
6	达州市	45.52	43.92	1.60
7	眉山市	46.32	44.77	1.55
8	绵阳市	52.53	51.01	1.52
9	宜宾市	49.64	48.12	1.52
10	泸州市	50.46	48.95	1.51
11	遂宁市	50.02	48.52	1.50
12	雅安市	46.85	45.35	1.50
13	凉山州	35.71	34.30	1.41
14	德阳市	52.35	50.98	1.37
15	资阳市	42.71	41.34	1.37
16	巴中市	41.85	40.54	1.31
17	成都市	73.12	71.85	1.27
18	内江市	49.10	47.90	1.20
19	甘孜州	31.66	30.56	1.10
20	阿坝州	40.00	38.92	1.08
21	攀枝花市	66.59	65.99	0.60

资料来源：《四川统计年鉴 2019》。

本文以 21 个市（州）城镇化率高低和增幅高低为依据组成矩阵考察其特征，其中城镇化率高低以是否超过全省城镇化率为标准，增幅高低则以表 5 中排名第 10 位前后为标准，具体形成 4 类城镇化率变化特征（见表 7）。

21 个市（州）在 4 种类型上的分布特征与 2017 年相比变化不大，只有南充市从"城镇化率低，增幅低"变化到"城镇化率低，增幅高"。在城镇化率增幅整体提高的情况下，攀枝花市、德阳市、遂宁市和甘孜州的城镇化率增幅略低于 2017 年。

表7　2017 年四川省 21 个市（州）城镇化率及其增幅分类

分类依据	市（州）
城镇化率高，增幅低	成都市(73.12%,1.27 个百分点)攀枝花市(66.59%,0.60 个百分点)德阳市(52.35%,1.37 个百分点)
城镇化率高，增幅高	自贡市(52.61%,1.69 个百分点)绵阳市(52.53%,1.52 个百分点)
城镇化率低，增幅高	乐山市(51.83%,1.66 个百分点)遂宁市(50.02%,1.50 个百分点)泸州市(50.46%,1.51 个百分点)宜宾市(49.64%,1.52 个百分点)南充市(48.14%,1.67 个百分点)眉山市(46.32%,1.55 个百分点)广元市(45.63%,1.65 个百分点)达州市(45.52%,1.60 个百分点)广安市(41.86%,1.62 个百分点)
城镇化率低，增幅低	内江市(49.10%,1.20 个百分点)雅安市(46.85%,1.50 个百分点)资阳市(42.71%,1.37 个百分点)巴中市(41.85%,1.31 个百分点)阿坝州(40.00%,1.08 个百分点)凉山州(35.71%,1.41 个百分点)甘孜州(31.66%,1.10 个百分点)

二　2018年四川21个市（州）城镇化水平测度

1.2018年综合评价

通过构建由"人口规模""产业支撑""基础设施""公共服务""资源环境""协调发展"六大一级指标组成的综合评价模型并对 2018 年四川省 21 个市（州）城镇化水平进行测算，成都市、攀枝花市分别以 79.68 和 70.42 排名第一位、第二位，具体结果见表8。2018 年四川省 21 个市（州）城镇化综合评价前五位的是成都市、攀枝花市、绵阳市、自贡市和德阳市；后五位是南充市、达州市、巴中市、凉山州和甘孜州。

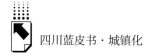

表 8 2018 年四川省 21 个市（州）城镇化水平综合测度

市（州）	人口规模		产业支撑		基础设施		公共服务		资源环境		协调发展		综合评价	
	得分	排名	得分	排名	得分	排名	得分	排名	得分	排名	得分	排名	得分	排名
成都市	13.91	1	17.24	1	12.14	2	13.74	1	10.59	3	12.06	1	79.68	1
自贡市	10.38	7	8.48	7	8.92	6	10.54	14	14.76	1	10.36	10	63.44	4
攀枝花市	12.51	2	14.00	2	13.05	1	11.24	6	8.66	8	10.96	3	70.42	2
泸州市	9.58	16	7.64	11	9.41	5	11.05	8	8.12	17	10.23	12	56.04	10
德阳市	10.17	9	11.57	4	8.53	11	11.00	9	8.69	7	11.01	2	60.97	5
绵阳市	10.39	6	13.64	3	10.68	3	11.74	2	8.43	11	10.73	4	65.61	3
广元市	10.12	10	6.19	14	7.89	13	10.78	12	8.15	14	9.65	18	52.79	15
遂宁市	10.29	8	6.95	12	8.75	8	11.35	4	8.77	6	10.53	7	56.64	9
内江市	10.09	11	10.58	5	6.49	20	10.53	15	8.04	19	10.24	11	55.95	11
乐山市	10.94	5	8.97	6	9.68	4	11.24	5	8.17	13	10.53	6	59.54	6
南充市	10.00	13	6.00	17	7.48	16	9.86	18	8.61	9	9.99	15	51.94	17
眉山市	10.03	12	7.93	9	8.64	10	10.40	16	8.14	15	10.47	8	55.61	12
宜宾市	11.07	4	8.14	8	7.75	14	11.44	3	8.14	16	10.43	9	56.97	7
广安市	8.07	20	6.16	15	7.95	12	11.11	7	9.51	4	10.22	13	53.03	14
达州市	11.17	3	5.33	18	6.72	19	10.24	17	7.50	21	9.89	16	50.84	18
雅安市	9.75	15	7.80	10	8.83	7	10.97	10	8.09	18	10.01	14	55.45	13
巴中市	9.58	17	4.88	20	7.45	17	9.53	20	7.86	20	9.61	19	48.91	19
资阳市	9.07	18	6.15	16	7.51	15	10.96	11	12.66	2	10.54	5	56.89	8
阿坝州	8.13	19	6.63	13	8.66	9	10.59	13	8.23	12	9.80	17	52.06	16
甘孜州	7.57	21	4.53	21	6.75	18	9.52	21	8.95	5	9.00	21	46.31	21
凉山州	9.77	14	4.88	19	5.44	21	9.77	19	8.47	10	9.37	20	47.70	20

资料来源：《四川统计年鉴 2019》《四川统计年鉴 2018》《中国城市统计年鉴 2018》《四川城市（县城）建设统计年报》。

"人口规模"得分排名：排名前五位的是成都市、攀枝花市、达州市、宜宾市和乐山市；排名后五位的是巴中市、资阳市、阿坝州、广安市和甘孜州。

"产业支撑"得分排名：排名前五位的是成都市、攀枝花市、绵阳市、德阳市、内江市；排名后五位的是南充市、达州市、凉山州、巴中市、甘孜州。

"基础设施"得分排名：排名前五位的是攀枝花市、成都市、绵阳市、乐山市和泸州市；排名后五位的是巴中市、甘孜州、达州市、内江市、凉山州。

"公共服务"得分排名：排名前五位的是成都市、绵阳市、宜宾市、遂宁市和乐山市；排名后五位的是达州市、南充市、凉山州、巴中市和甘孜州。

"资源环境"得分排名：排名前五位的是自贡市、资阳市、成都市、广安市和甘孜州；排名后五位的是泸州市、雅安市、内江市、巴中市和达州市。

"协调发展"得分排名：排名前五位的是成都市、德阳市、攀枝花市、绵阳市、资阳市；排名后五位的是阿坝州、广元市、巴中市、凉山州、甘孜州。

2. 分项指标情况

将21个市（州）"人口规模""产业支撑""基础设施""公共服务""资源环境""协调发展"六大一级指标的得分占比与指标权重进行比较，如果得分占比超过指标权重，则可以看作该指标对综合城镇化得分贡献更大，更具优势。通过计算可以看出（见图3），21个市（州）在"公共服务"和"协调发展"整体表现优秀，得分占比均超过15.4和13.7的指标权重；"人口规模"和"资源环境"均有11个城市得分占比超过17.7和14.7的指标权重；"产业支撑"和"基础设施"则成为阻碍城镇化综合水平提升的主要短板，分别只有成都市和攀枝花市得分占比超过21.6和17.1的指标权重。

（1）"人口规模"指标分析

2018年，四川省21个市（州）"人口规模"一级指标均值为10.12，得分最高和最低的分别是成都市和甘孜州。进一步考察二级指标，"城镇人口"二级指标得分最高的是成都市，最低的是甘孜州；"建城区人口"二级指标则是凉山州得分最高，广安市最低（见表9）。

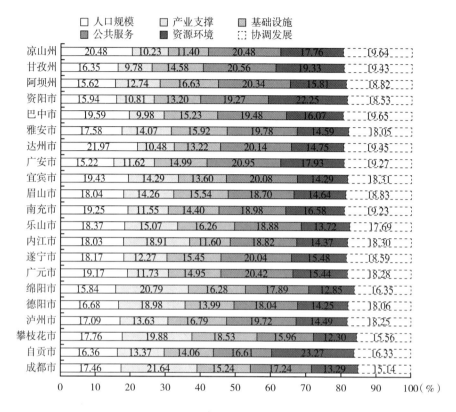

图3 2018年四川省21个市（州）一级指标对综合城镇化的贡献

表9 2018年四川省21个市（州）人口规模及二级指标测算结果

市(州)	二级指标		人口规模
	城镇人口	建成区人口	
成都市	10.50	3.41	13.91
自贡市	7.55	2.83	10.38
攀枝花市	9.56	2.95	12.51
泸州市	7.25	2.33	9.58
德阳市	7.52	2.65	10.17
绵阳市	7.54	2.84	10.39
广元市	6.55	3.57	10.12
遂宁市	7.18	3.10	10.29
内江市	7.05	3.03	10.09
乐山市	7.44	3.50	10.94

市（州）	二级指标		人口规模
	城镇人口	建成区人口	
南充市	6.91	3.08	10.00
眉山市	6.65	3.37	10.03
宜宾市	7.13	3.94	11.07
广安市	6.01	2.06	8.07
达州市	6.54	4.63	11.17
雅安市	6.73	3.03	9.75
巴中市	6.01	3.57	9.58
资阳市	6.13	2.94	9.07
阿坝州	5.74	2.39	8.13
甘孜州	4.55	3.02	7.57
凉山州	5.13	4.64	9.77

从"人口规模"二级指标的变异系数来看（见表10），四川省21个市（州）"城镇人口"和"建成区人口"两个指标的变异系数相差不大。从"人口规模"的三级指标来看，"城镇人口比重"实际就是城镇化率这一指标，前文已做了较为详细的分析，兹不赘述。21个市（州）中有17个城市的城镇化率为40%~55%。"建成区人口密度"指标是衡量城市繁华度、人口聚集度和经济贡献度的关键指标，不仅与人口聚集程度有关，也与建成区面积大小有关。

表10　2018年人口规模二级指标变异系数

	城镇人口	建成区人口
变异系数	0.19	0.21

（2）"产业支撑"指标分析

由前文可知，产业支撑是21个市（州）城镇化综合评价的短板之一。除成都市外，其余市（州）的产业发展对城镇化进程的推动作用比较有限。2018年"产业支撑"一级指标的变异系数是0.4082，是6个一级指标变异系数中最大的，进一步说明21个市（州）在产业支撑方面存在较大差异。

2018 年四川省 21 个市（州）产业支撑二级指标包括经济水平、非农产业、科技研发、信息化水平和文化产业，其测算结果见表 11。

表 11　2018 年四川省 21 个市（州）产业支撑二级指标测算结果

市（州）	二级指标					产业支撑
	经济水平	非农产业	科技研发	信息化水平	文化产业	
成都市	4.69	5.20	1.74	2.70	2.90	17.24
自贡市	2.39	3.07	0.53	1.59	0.90	8.48
攀枝花市	4.70	4.65	0.84	2.05	1.77	14.00
泸州市	1.94	2.76	0.49	1.82	0.63	7.64
德阳市	3.10	3.54	1.76	2.29	0.88	11.57
绵阳市	2.35	3.27	4.50	2.24	1.28	13.64
广元市	1.49	2.46	0.35	1.54	0.34	6.19
遂宁市	1.88	2.63	0.48	1.29	0.67	6.95
内江市	1.88	3.00	0.28	4.90	0.52	10.58
乐山市	2.45	3.00	0.63	2.10	0.80	8.97
南充市	1.54	2.55	0.35	1.18	0.36	6.00
眉山市	2.09	2.67	0.28	2.11	0.78	7.93
宜宾市	2.21	2.74	0.82	1.64	0.72	8.14
广安市	1.91	2.53	0.08	1.39	0.26	6.16
达州市	1.47	2.19	0.27	1.09	0.31	5.33
雅安市	2.08	2.59	0.67	2.02	0.44	7.80
巴中市	0.96	2.16	0.18	1.37	0.20	4.88
资阳市	2.08	2.37	0.12	1.12	0.45	6.15
阿坝州	1.61	2.10	0.22	1.90	0.80	6.63
甘孜州	1.21	1.40	0.09	1.32	0.51	4.53
凉山州	1.56	1.98	0.19	0.82	0.33	4.88

从"产业支撑"二级指标的变异系数来看（见表 12），"科技研发"和"文化产业"指标的变异系数分别为 1.39 和 0.81，是 5 个二级指标变异系数中最高的两个指标，可见，对于科技创新、文化产业这些新兴经济发展模式，各市（州）表现出了不同的接受程度。相对于新兴产业，传统"非农产业"在 21 个市（州）的表现则比较均衡，在 5 个二级指标变异系数中是最小的。

表 12 　 2018 年产业支撑二级指标变异系数

	经济水平	非农产业	科技研发	信息化水平	文化产业
变异系数	0.44	0.30	1.39	0.46	0.81

从三级指标来看，21 个市（州）在"人均地区生产总值"指标中呈现三种不同的收入水平。按照世界银行在 2018 年的标准，人均 GDP 低于 995 美元为低收入国家，在 996 美元至 3895 美元之间为中等偏下收入国家，在 3896 美元至 12055 美元之间为中等偏上收入国家，人均 GDP 高于 12055 美元即为高收入国家。类比该标准，成都市和攀枝花市属于高收入城市，甘孜州和巴中市属于中等偏下收入城市，其余市州均属于中等偏上收入城市（见图 4）。

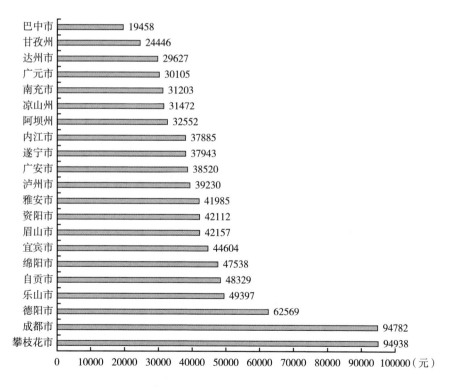

图 4 　 2018 年四川 21 个市（州）人均地区生产总值

值得一提的是"R&D 支出占地区生产总值比重"指标，21 个市（州）中绵阳市的研发投入比重高达 6.61%，是 2018 年全国（2.19%）的 3 倍多，是四川省（1.81%）的 3.65 倍。此外，除德阳市和成都市外，其余市（州）投入强度均没达到全省平均水平（见图5），这很好地解释了"科技研发"指标变异系数最大的原因。

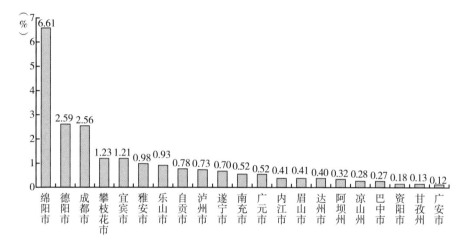

图5　2018 年四川 21 个市（州）R&D 支出占地区生产总值比重

"产业支撑"剩余 4 个三级指标中，"每万人非农产业增加值"和"每十万人文化产业增加值"得分最高的均是成都市，最低的均是巴中市；"非农产业就业比重"得分最高的是成都市，最低的是甘孜州，其中，第三产业增加值比重高于第二产业的有成都市、达州市、乐山市和绵阳市（见表13）；"每百户互联网用户数"得分最高的是成都市，最低的是凉山州。

表13　2018 年四川省 21 个市（州）三次产业结构

单位：%

地区	第一产业增加值比重	第二产业增加值比重	第三产业增加值比重
全国	7.20	40.70	52.20
四川省	10.88	37.67	51.45
成都市	3.41	42.47	54.12
自贡市	10.77	46.47	42.76

续表

地区	第一产业增加值比重	第二产业增加值比重	第三产业增加值比重
攀枝花市	3.39	62.30	34.31
泸州市	11.24	52.09	36.66
德阳市	10.99	48.38	40.63
绵阳市	13.08	40.34	46.58
广元市	14.73	44.72	40.55
遂宁市	13.56	46.28	40.16
内江市	15.53	43.27	41.20
乐山市	10.27	44.69	45.04
南充市	19.04	41.08	39.89
眉山市	14.85	44.14	41.01
宜宾市	12.27	49.68	38.05
广安市	13.88	46.01	40.11
达州市	19.30	35.73	44.97
雅安市	13.28	46.90	39.82
巴中市	15.21	48.99	35.80
资阳市	25.01	47.59	27.39
阿坝州	16.16	45.50	38.34
甘孜州	22.48	41.82	35.70
凉山州	20.06	39.99	39.95

资料来源:《四川统计年鉴 2019》《中国统计年鉴 2019》。

（3）"基础设施"指标分析

基础设施是四川城镇化综合水平评价的另一个短板。2018 年，"基础设施"指标得分最高的是攀枝花市，成都市位居第二，最低的是凉山州。市政设施的明显优势是攀枝花市在基础设施指标中表现突出的原因（见表14），具体来看，主要是供水、供气能力比较突出。从二级指标变异系数来看，21 个市（州）的"公共交通"指标变异系数最大（见表15），可见各市（州）拥有的综合公共交通能力各不相同，得分最高的阿坝州比最低的广安市高 6.4 倍，必然对推进城镇化产生不同影响。

表14 2018年四川省21个市（州）基础设施及二级指标测算结果

市(州)	二级指标			基础设施
	固定资产投资	市政设施	公共交通	
成都市	3.90	6.76	1.38	12.14
自贡市	2.00	5.81	1.10	8.92
攀枝花市	3.93	7.94	1.18	13.05
泸州市	2.95	5.44	1.03	9.41
德阳市	2.45	5.42	0.66	8.53
绵阳市	2.09	7.01	1.57	10.68
广元市	1.94	5.16	0.79	7.89
遂宁市	2.59	5.58	0.58	8.75
内江市	1.47	4.31	0.71	6.49
乐山市	2.67	6.11	0.89	9.68
南充市	2.01	4.86	0.61	7.48
眉山市	2.67	5.23	0.74	8.64
宜宾市	2.48	4.65	0.62	7.75
广安市	2.93	4.53	0.50	7.95
达州市	1.89	4.04	0.78	6.72
雅安市	2.32	5.56	0.95	8.83
巴中市	2.61	3.81	1.02	7.45
资阳市	1.58	5.37	0.56	7.51
阿坝州	2.51	2.46	3.70	8.66
甘孜州	2.86	2.46	1.43	6.75
凉山州	1.53	3.05	0.86	5.44

表15 2018年基础设施二级指标变异系数

	固定资产投资	市政设施	公共交通
变异系数	0.26	0.28	0.66

从基础设施6个三级指标来看，"人均固定资产投资"最高的是攀枝花市，最低的是内江市；"建成区供（排）水管道长度"最高的是绵阳市，最低的是甘孜州；"每十万人日供水综合生产能力"最高的是攀枝花市，最低的是甘孜州；"每十万人公交汽车、出租车、地铁拥有量"最高的是成都市，最低的是广安市。

基础设施水平衡量城市综合承载能力的重要方面，固定资产投资是基础设施水平不能忽略的衡量指标。人均固定资产投资可以有效反映区域固定资产投资的平均水平，攀枝花市的人均固定资产投资水平最高，成都市次之，最低的是内江市（见图6）。从固定资产投资占地区生产总值比重来看，成都市、自贡市、德阳市等7市在50%左右，泸州市、广元市等12市为60%～100%，巴中市和甘孜州均超过100%[①]（见图7）。

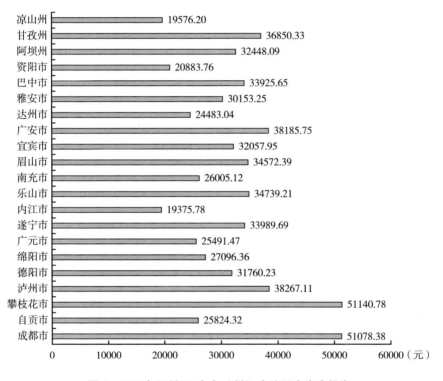

图6 2018年四川21个市（州）人均固定资产投资

（4）"公共服务"指标分析

"公共服务"是21个市（州）整体表现优秀的指标之一，不仅所有市

---

① 巴中市和甘孜州经济发展更多依赖投资，而非消费和出口，故其固定资产投资占GDP比重较高。

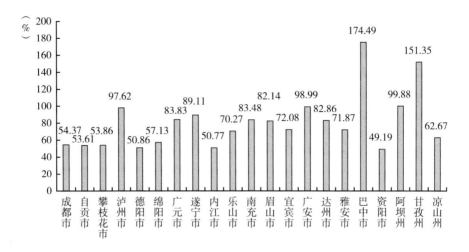

图7　2018 年四川 21 个市（州）固定资产投资与占地区生产总值比重

（州）得分占综合评价比重超过其权重，而且变异系数是 6 个一级指标中最小的，可见自 2002 年以来，全省在推进公共服务均等化过程中取得了明显成效。"公共服务"指标中，2018 年得分最高的是成都市，最低的是甘孜州，相差 4.22（见表 16）。

表 16　2018 年四川省 21 个市（州）公共服务及二级指标测算结果

市（州）	二级指标				公共服务
	文化生活	医疗卫生	教育水平	社会保障	
成都市	2.00	3.84	4.49	3.40	13.74
自贡市	1.12	2.90	3.32	3.20	10.54
攀枝花市	1.21	3.54	3.45	3.04	11.24
泸州市	1.01	2.94	3.46	3.64	11.05
德阳市	1.53	2.93	3.21	3.32	11.00
绵阳市	1.55	3.20	3.62	3.37	11.74
广元市	0.90	3.31	3.15	3.42	10.78
遂宁市	1.42	2.80	3.67	3.45	11.35
内江市	1.28	2.61	3.36	3.28	10.53
乐山市	1.28	2.98	3.67	3.32	11.24
南充市	1.24	2.26	3.15	3.21	9.86
眉山市	1.13	2.52	3.42	3.33	10.40

市(州)	二级指标				公共服务
	文化生活	医疗卫生	教育水平	社会保障	
宜宾市	1.23	2.90	3.65	3.66	11.44
广安市	0.97	2.43	3.51	4.20	11.11
达州市	1.33	2.20	3.18	3.54	10.24
雅安市	1.02	3.23	3.47	3.24	10.97
巴中市	0.88	2.61	2.79	3.25	9.53
资阳市	0.90	3.05	3.19	3.82	10.96
阿坝州	1.08	2.98	3.46	3.07	10.59
甘孜州	0.76	2.66	3.18	2.93	9.52
凉山州	0.92	2.28	3.37	3.20	9.77

从二级指标变异系数来看，21 个市（州）的"文化生活"变异系数最大，"社会保障"变异系数最小。应该说，教育、医疗和社会保障是基本公共服务的范畴，属于重点推进的领域，在大力推进公共服务均等化的政策导向下，各市（州）对此都十分重视，建设意愿强烈。相对来说，文化生活更多属于精神层面的服务，由于各市（州）社会经济发展水平不同而差异相对更大（见表17）。

表17　2018 年公共服务二级指标变异系数

	文化生活	医疗卫生	教育水平	社会保障
变异系数	0.24	0.15	0.10	0.08

从三级指标来看，"城乡居民教育文化娱乐支出""每万人床位数""城镇基本医疗保险覆盖率""千人口执业（助理）医师数"等 4 个指标最高的是成都市，最低的是甘孜州；"每万人医疗卫生机构数"最高的是甘孜州，最低的是南充市；"万人拥有专任教师数"最高的是成都市，最低的是巴中市；"小学儿童净入学率"，大部分城市实现了 100% 入学，只有凉山州得分最低；"初中三年巩固率"最高的是成都市，最低的是资阳市。

（5）"资源环境"指标分析

资源环境对城市发展的影响越来越大，健康的城镇化应该是环境友好、资源高效利用的城镇化。2018年"资源环境"一级指标中得分最高的是自贡市，最低的是达州市（见表18）。

表18　2018年四川省21个市（州）资源环境及二级指标测算结果

市（州）	二级指标			资源环境
	城市绿化	环境保护	土地集约	
成都市	3.43	3.84	3.32	10.59
自贡市	3.46	3.66	7.65	14.76
攀枝花市	3.37	3.03	2.26	8.66
泸州市	3.35	3.59	1.19	8.12
德阳市	3.42	3.79	1.49	8.69
绵阳市	3.24	4.03	1.16	8.43
广元市	3.27	4.22	0.66	8.15
遂宁市	3.59	4.09	1.09	8.77
内江市	3.02	3.64	1.38	8.04
乐山市	3.05	3.49	1.62	8.17
南充市	3.53	3.89	1.18	8.61
眉山市	3.31	3.66	1.17	8.14
宜宾市	3.22	3.68	1.25	8.14
广安市	4.46	4.02	1.03	9.51
达州市	2.88	3.63	0.98	7.50
雅安市	3.31	3.85	0.92	8.09
巴中市	3.03	4.26	0.57	7.86
资阳市	3.59	4.28	4.80	12.66
阿坝州	3.32	4.33	0.59	8.23
甘孜州	2.86	5.61	0.48	8.95
凉山州	2.86	4.39	1.22	8.47

从二级指标来看，21个市（州）的"土地集约"变异系数最大，"环境保护"与"城市绿化"的变异系数较小且水平相当（见表19）。土地集约使用是考验各市（州）城镇化发展的重要环节，在有限的土地资源上获得更多收益是可持续发展的必然途径。在"绿水青山就是金山银山"的生

态文明理念下，21 个市（州）都对城市绿化和环境保护格外重视，因此，差异相对较小。

表 19　2018 年资源环境二级指标变异系数

	城市绿化	环境保护	土地集约
变异系数	0.11	0.13	0.98

从资源环境 4 个正向三级指标来看，"人均公园绿地面积"最高的是广安市，最低的是乐山市；"建成区绿地率"最高的是南充市，最低的是甘孜州；"污水处理厂集中处理率"最高的是广元市，最低的是攀枝花市；"生活垃圾处理率"大部分城市达到了100%，最低的是雅安市和巴中市。负向指标以"空气污染综合指数"为例，指数越低，代表空气质量越好，甘孜州的指数最低，成都的指数最高（见图 8）。

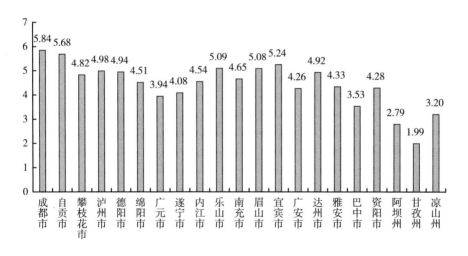

图 8　2018 年四川 21 个市（州）空气污染综合指数

（6）"协调发展"指标分析

"协调发展"是 21 个市（州）整体表现优秀的另一个指标，2018 年得分最高的是成都市，最低的是甘孜州（见表 20）。从二级指标的变异系数来看，"居民消费"的变异系数最大，"社会管理"的变异系数最小（见表21），说明相对于居民收入差异，各市（州）居民消费差异更大。

表20　2018年四川省各市（州）协调发展二级指标测算结果

市(州)	二级指标			协调发展
	居民收入	居民消费	社会管理	
成都市	1.85	6.01	4.20	12.06
自贡市	1.60	4.57	4.18	10.36
攀枝花市	1.43	5.38	4.15	10.96
泸州市	1.52	4.57	4.14	10.23
德阳市	1.75	5.07	4.18	11.01
绵阳市	1.67	4.86	4.20	10.73
广元市	1.38	4.09	4.18	9.65
遂宁市	1.65	4.72	4.16	10.53
内江市	1.57	4.52	4.14	10.24
乐山市	1.58	4.77	4.19	10.53
南充市	1.56	4.24	4.18	9.99
眉山市	1.71	4.58	4.18	10.47
宜宾市	1.63	4.63	4.18	10.43
广安市	1.58	4.45	4.20	10.22
达州市	1.57	4.13	4.19	9.89
雅安市	1.45	4.40	4.16	10.01
巴中市	1.37	4.08	4.16	9.61
资阳市	1.65	4.70	4.19	10.54
阿坝州	1.35	4.31	4.15	9.80
甘孜州	1.31	3.53	4.15	9.00
凉山州	1.40	3.80	4.17	9.37

表21　2018年协调发展二级指标变异系数

	居民收入	居民消费	社会管理
变异系数	0.09	0.12	0.004

　　从"协调发展"6个三级指标来看,4个负向指标中,"城镇居民可支配收入增速与人均地区生产总值增速之比"最高的是德阳市,最低的是攀枝花市;"农村居民人均纯收入增速与人均地区生产总值增速之比"最高的是德阳市,最低的是凉山州;"城乡居民收入比"最高的是成都市,最低的是甘孜州;"城乡恩格尔系数"最高的是攀枝花市,最低的是甘孜州。正向指标"城乡居民人均消费性支出"最高的是成都市,最低的是甘孜州(见图9);"公众安全感指数"最高的是成都市,最低的是内江市。

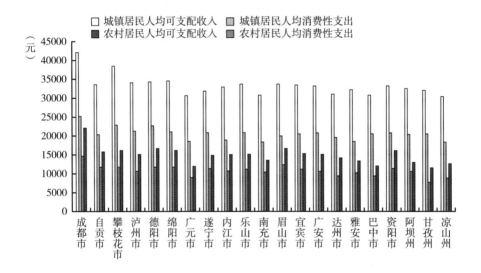

图9　2018年四川省21个市(州)城乡居民人均可支配收入和人均消费性支出

B.2
四川城镇化发展前景展望

"四川省城镇化发展报告 2020" 课题组 *

摘　要： 本报告分别从"十四五"规划、成渝地区双城经济圈上升为
国家战略、大力推进绿色城镇化三个背景探讨新时代四川新
型城镇化面临的新形势、呈现的新变化以及孕育的新契机。
在此基础上，结合四川城镇化所处的阶段特征，从健康韧性
城市、绿色生产生活方式、空间规划、补齐基础设施与公共
服务短板、城市与社区治理、新经济新动能、统筹城乡发展
等方面提出若干建议。

关键词： "十四五"规划　双城经济圈　城镇化　城市治理

伴着我国社会主要矛盾的历史性变化，以及内外部环境的深刻变化，四
川城镇化进入新的阶段，处于转型发展、创新发展、跨越发展的关键时期。
"十四五"规划即将确立新的发展主题与主线，成渝地区双城经济圈上升为
国家战略，绿色发展转型期推进绿色城镇化更为迫切，这些都将给四川城镇
化带来深远影响，并使未来四川城镇化呈现一系列新的趋势性特征。系统梳
理四川城镇化发展面临的新形势、呈现的新变化以及孕育的新契机，研究新
形势下推进四川城镇化可持续发展的应对策略，具有重要意义。

───────────

* "四川省城镇化发展报告 2020"课题组由本书编委会组成，本报告执笔人为王倩。王倩，博
　士，四川省社会科学院区域经济与城市发展研究所副研究员，主要研究方向为区域经济学。

一 "十四五"规划背景下四川城镇化新趋势

按照党中央的战略部署,2020年要决胜全面建成小康社会,完成"十三五"规划设定的目标,开启全面建设社会主义现代化国家新征程,向第二个百年奋斗目标进军。从2021年开始,国家将进入"十四五"时期(2021~2025年),这是一个承前启后、继往开来的重要发展阶段,既要巩固提升全面建成小康社会成果,又要为实现第二个一百年第一阶段的奋斗目标即基本实现社会主义现代化开好局。"十四五"期间,四川新型城镇化也将面临新的形势,呈现新的趋势。

(一)"十四五"期间四川城镇化将保持较快增长

截至2019年底,中国常住人口城镇化率达到60.6%,四川常住人口城镇化率达到53.8%,与全国平均水平还存在6.8个百分点的差值,这意味着四川的城镇化水平有较大提升空间。四川城镇化率较2015年提高了6.1个百分点,远高于全国增长率,百万人口大城市达到7个,每年向城镇转移人口超过100万人,城镇化已经进入加快发展阶段。可以预见,随着"一干多支"发展战略深入推进,成都国家中心城市竞争力和国际影响力不断提升,成德眉资同城化进程加快,成渝相向发展布局加速,四川城镇化水平将持续提升。同时,乡村振兴战略深入实施,城乡融合发展的步伐也进一步加快,四川成都西部片区8个区县、7600多平方公里被纳入国家城乡融合发展试验区,城乡结构将发生根本性改变。

(二)四川城镇化的重点转向提高城镇化发展质量

"十四五"期间,我国将由全面建成小康社会转向全面建设社会主义现代化国家,处于转变发展方式、优化经济结构、转换增长动力的关键时期,经济发展的内涵发生了很大变化,由高速增长转向高质量发展。推动高质量发展将成为"十四五"的核心主题,经济发展质量变革、效率变革、动力

变革将进一步深化。在这样的形势下，四川城镇化也将由规模扩张式的增长转向推进城镇化发展质量的提升，需要将高质量推动人口城镇化、高效率配置土地资源，并将形成高效的城乡治理体系放在核心地位。四川城镇化进程进入高质量发展阶段，就要直面城镇化中后期人口分布加速分化的趋势，同步推进产业集聚、城市功能完善和人口集聚，促进产城人紧密融合，建立以人口为导向的要素资源配置机制。

（三）中心城市、都市圈和城市群成为高质量发展新型动力系统

"十四五"期间，我国经济空间结构将发生深刻变化，各类要素向中心城市、城市群、都市圈聚集流动的趋势更加明显，目前我国长三角、京津冀、粤港澳大湾区三个城市群以5%的国土面积集聚了超过23%的人口以及40%的GDP。在这样的形势下，四川省将成德眉资同城化提升到全省重大战略层面，也是强化成都极核带动作用的重要举措。该都市圈地区生产总值约为2万亿元，占全省将近50%。《成德眉资同城化发展暨成都都市圈建设三年行动计划（2020～2022年）》提出力争到2022年，区域地区生产总值突破2.7万亿元。这将使成德眉资以都市圈为单元跻身世界大都市行列，支撑成渝地区建设中国经济重要增长极。

（四）新经济应用场景将在城市大量落地

新一轮技术革命蓬勃兴起并持续渗透经济社会各个领域，推动现有产业形态、组织深刻变革，创新动力不断增强。新经济形态不断涌现，在线教育、远程办公、视频会议、在线文创娱乐、旅游在线展示、运动健身在线指导、家庭医疗健康服务、在线问诊与心理咨询服务、生鲜电商、在线物品采购与订餐服务等日益普及。新服务模式不断裂变，如云游博物馆、直播带货、共享业态等。消费互联网逐步迈向产业互联网，数字化打通了供需两端，通过平台大数据实现了产能供需的优化配置，支撑制造资源泛在链接、弹性供给。新基建加速布局，产业互联网不仅应用在工业制造、智能制造领域，还可能向智能社会转变。信息技术应用场景更加多元，智

慧城市深入推进。充分利用数字经济优势对四川城镇化而言是一次弯道超车的绝佳机遇。

二 成渝地区双城经济圈建设背景下四川城镇化新趋势

2020 年 1 月 3 日，习近平总书记主持召开中央财经委员会第六次会议，首次提出"成渝地区双城经济圈"概念，明确建设"两中心两地"的重大要求。2020 年 4 月 9 日，国家发展和改革委员会印发《2020 年新型城镇化建设和城乡融合发展重点任务》，明确将成渝地区双城经济圈建设纳入 28 项重点任务之一。

（一）四川城镇化的地位和作用将进一步提升

成渝地区双城经济圈建设上升为国家战略，其战略牵引力、政策推动力、发展支撑力前所未有，必将把四川城镇化推向新的高潮。推动成渝地区双城经济圈建设，"一干多支"发展战略搭上国家战略快车，使四川城镇化战略地位凸显、战略潜能加速释放，成都国家中心城市竞争力和区域带动力将得到有力提升，同时重点节点城市的支撑作用将不断增强。四川城镇化将进入更加注重极核带动、差异化协同的新阶段，空间动力持续增强，人口加速向中心城市和城市群、都市圈集聚，百万人口大城市以及 50 万以上人口中等城市数量将引来新突破，内需潜力将得到有效释放。

（二）四川城镇化短板将加快补齐并积蓄增长后劲

四川城镇化长期存在基础设施薄弱、公共服务供给不足、城乡治理面临诸多挑战等突出短板。通过成渝地区双城经济圈建设，国家将提速完善基础设施新布局，推动一批奠基长远的重大工程项目落地，加快补齐四川城镇化发展短板、积蓄增长后劲。尤其是在前瞻布局新型基础设施建设方面，争取更多国家重大科技基础设施、科教基础设施和引领技术创新平台在四川布局，加快建设完善 5G、工业互联网、物联网等信息基础设施，合理布局人工智能平台、大数据中心、超算中心、区块链网络等。在公共服务、社会保

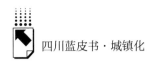

障、应对人口老龄化、生态环境建设等领域的短板也有望得到补齐，较好增进民生福祉和提升发展质量。

（三）高品质生活宜居地将成为新的发展优势

"高品质生活宜居地"作为新时代国家赋予成渝地区双城经济圈的新使命而备受瞩目。四川是长江上游重要的生态屏障和水源涵养地，2019年空气质量优良天数占比达到89.1%。率先建立长江流域跨省生态保护补偿机制，持续推进绿化全川行动，全省森林覆盖率达40%，具有打造高品质生活宜居地的良好条件与诸多优势。中央明确支持成渝地区双城经济圈打造具有全国影响力的高品质生活宜居地，必将促进四川教育、文化、旅游、健康、公共服务和社会治理等领域的大发展，将高品质生活宜居地转化为新的发展优势和集聚高端要素的强竞争力。

（四）城乡融合发展体制机制将进一步完善

2020年6月，四川省委全面深化改革委员会印发《推动成渝地区双城经济圈建设重点改革工作安排》，提出将探索城乡融合发展体制机制创新，争取国家支持，适当扩大国家城乡融合发展试验区范围，并出台四川成都西部片区国家城乡融合发展试验区实施方案，形成一批可复制可推广的典型经验和体制机制改革措施。随着改革的深入推进和范围扩大，产权制度和要素市场化配置将进一步完善，工农互促、城乡互补、全面融合、共同繁荣的新型工农城乡关系将加快形成，从而全面激发城乡发展活力，实现人口流动与空间结构优化、产业经济地理重塑相统一。

三 绿色城镇化背景下的四川城镇化新趋势

（一）价值观、发展理念与消费行为重塑

随着生态文明理念的普及，人们对绿色城镇化的需求更加迫切。在价值

观层面，全民生命意识、健康意识、风险意识增强，城镇化将更加注重人民群众生命健康安全。人民对美好生活的向往，也将增加对生活质量、生活品质的追求，而不是对社会经济财富的一味追求。公众对健康生活方式的追求，有利于全面提高身体素质。绿色消费、健康消费成为时尚，康养旅游等文旅产品迎来机遇，也是消费升级的一个重要表现。最重要的是，绿色新消费改变了消费者认知，培养了新消费习惯，形成新的消费和经济增长点。

（二）绿色发展成为四川城镇化新动力

绿色发展是新发展理念的重要内容，以绿色技术为支撑的创新、以绿色发展为导向的结构调整、以绿色治理为核心的体制机制改革，成为四川走新型城镇化道路的重要动能。尤其是在生态价值转化与生态产品价值实现方面，四川不断发展生态的价值点、创造经济的转化点，推动生态优势转化为经济效益、社会效益和人文效益，实现高质量发展。如四川围绕天府绿道与川西林盘，拓展生活消费应用场景，为新动能、新产业、新业态的形成创造条件、开辟空间，实现生态效益、经济效益、社会效益同步提升。

（三）美丽城镇与美丽乡村成为重要载体

美丽城镇与美丽乡村是美丽中国的重要组成部分，是新型城镇化的着力点，也是不可分割的命运共同体。绿色城镇化既要有国际化的绿色大都市，也要有独具特色的美丽城镇，更要有美丽乡村的支撑。建设良好生态、大美田园乡村不仅能够满足人们新的消费需求，而且为乡村产业发展、农民增收致富拓宽了渠道。习近平总书记提出"公园城市"理念，支持成都建设践行新发展理念的公园城市示范区。成都市在推进公园城市建设中，也十分注重通过天府绿道将城市与乡村相连，通过林盘修复与农商文旅体养融合发展，探索公园城市的乡村表达。

（四）"无废城市"建设成为城镇化新趋向

2019年1月国务院启动全国"无废城市"建设试点，目前共有16个试点城市和地区进入实质操作阶段。"无废城市"作为一种新型城市管理模式，从根本上改变了我们制造、消费和处理资源的方式。它捕获我们的废物并利用之而不是通过自然资源来制造新产品，创造更少的污染并促进当地经济发展，因此是降低气候影响最快、最简单、最具成本效益的方式之一。四川虽然没有被纳入首批试点，但《四川省生活垃圾分类和处置工作方案》明确提出到2025年，地级及以上城市基本建成生活垃圾分类处理系统。成都市已经提出营建"无废城市"，在生活垃圾、污水、固体废物等分类处置系统和再生资源回收体系等领域率先垂范。内江则通过"绿色＋集中""绿色＋监管""绿色＋循环"助推"无废城市"建设。

四　推进四川城镇化可持续发展的若干建议

（一）更深刻地贯彻以人为本的基本遵循，建设健康韧性城市

新型城镇化的核心是以人为本，是人的城镇化，这一理念固然已经确立，但真正做到以人为本，还需要漫长的过程以及相关制度的配套。或者说，以人为本在四川城镇化进程中如何发挥关键价值是当前亟须面对的重要课题。以人为本的城镇化，是将人民生命健康安全放在首位的城镇化，并能够化解和抵御外界的冲击。生命健康是人类的根本利益和共同利益，医疗设施的基础性、共享性，是居民生命健康得以保障的支柱，四川城镇化要在空间和城乡规划中坚守人民生命健康安全基点，建设健康、安全的城市。

在推进城镇化进程中，四川已经有成都、泸州等多个城市提出建设"健康城市"，成都、德阳等多个城市提出建设"韧性城市"。无论是健康城市还是韧性城市，对于城市发展而言，都是一个系统工程。首先，要将健康摆在优先发展的战略地位，融入公共政策制定全过程。其次，建设健康环境，持续开展城乡环境卫生治理行动，开展生态保护修复与大气、水、土壤等污染防治，保障食品安全。再次，以基层为重点，推动基本公共服务均等化，保障基本医疗卫生服务的基础性、公益性，实现全民覆盖；完善公共卫

生服务体系，提高突发事件应急能力。最后，普及健康生活方式，加强全民健康教育，提高全面健康素质素养。

（二）重塑生态文明价值观，将绿色生产生活方式贯穿城镇化进程

我们推进的新型城镇化是生态文明的城镇化，归根到底是生产生活方式的绿色转型，核心是人类与自然和谐相处。人与自然和谐相处是新型城镇化的艰巨考验。唯有倡导绿色生产生活方式，才能满足人民对美好生活的需求。

推进新型城镇化，首先是遵循自然规律，敬畏自然、善待自然、尊重生命，坚定走生态文明的新型城镇化发展道路。四川省多数城镇依山傍水，极具打造反映地域文化特色、传承历史文脉的生态城镇优势。大力推广绿色建筑，尤其是装配式建筑，提高建筑节能标准。统筹发展绿色交通，鼓励低碳、绿色、便捷出行。倡导文明、卫生、科学、健康的生活方式，增强公民生态道德意识。

构建科技含量高、资源消耗低、环境污染少的产业结构和生产方式。从要素结构、供需结构、产业结构、能源结构、空间结构、城乡区域结构、动力结构等分析入手，深入开展供给侧结构性改革，重点培育壮大五大高端成长型产业、五大新兴先导型服务业、七大战略性新兴产业。着力推进节能降耗、资源综合利用、循环低碳生产方式，将四川省城镇化的独具特色的生态优势转化为绿色发展的经济优势，激励企业以全产业链生态环境成本最小化方式实现生产方式绿色化。

倡导勤俭节约、绿色低碳、文明健康的生活方式和消费模式。凝聚绿色发展最广泛共识，鼓励全民参与生态文明建设。从反对铺张浪费入手引领绿色生活方式，建立普遍垃圾分类制度，鼓励共享经济新模式，倡导绿色新消费，通过新技术赋能绿色新生活。鼓励更多城市参与"无废城市"建设，建设零废弃社会。

（三）强化国土空间规划，更加注重空间治理与生活圈布局

各级国土空间规划要主动应对公共卫生、自然灾害等突发事件，构建全

面的灾害应对体系，真正形成安全和谐的国土空间格局。城市规划要有战略留白，既是满足重要功能性战略空间的需要，应对不时之需，又可增强城市未来发展弹性，促进城市高质量和可持续发展。

构筑城市健康安全应急保障体系。卫生防疫、防灾减灾的根本在于预防，要进一步梳理城市规划建设中涉及卫生健康与应急防控的相关标准、规范与内容，将应急保障体系纳入城镇化常态工作，确保硬件设施有备无患，应急制度、机制落实到位。

居民日常生活出行呈现紧密的圈层结构，这是社区生活圈理念与规划兴起的重要依据。将生活圈作为社区公共资源配置和社会治理的基本单元，在步行可达范围内，实现便利的日常生活、健全的养老服务、优质的健康医疗、完善的教育和商业配套、方便的交通以及绿色健康的慢性环境、多样的文体娱乐、均衡的公共空间以及社区就业。

（四）强化基础设施薄弱环节，补齐公共服务领域短板

我们今天所处的城镇化是在第四次工业革命背景下的城镇化，信息基础设施的普及是城镇化联结创新资源的重要机制。四川城镇化的下一程，需要大幅提高5G、大数据、人工智能、云计算等数字信息基础设施建设能力，从而释放产业互联网的链接和技术能力。成都市提出要以构建"城市大脑"为方向建立"一网通办、一网统管、一键回应"体系，带动数字政务、数字社区、智慧安防、智慧交通、智慧服务等新场景构建，全面提高城市在线监测、分析预测、智能决策能力，着力打造面向未来的智慧城市。同时，知识型的基础设施，如高等院校、职业技术类院校以及研究机构，也将越来越重要。除此之外，要围绕慢行系统、污水与垃圾处理系统等薄弱环节，加快构建城镇基础设施体系。

补齐公共服务短板是四川城镇化健康发展的重点。《四川省人民政府办公厅关于印发四川省大力推动基础设施等重点领域补短板2020年工作方案的通知》指出："围绕民生和社会事业发展，力争完成民生和社会事业投资6000亿元。将重点推进省公共卫生防治中心、省疾病预防控制中心卫生监

测检验中心（含 P3 实验室）及市级疾控中心 P2 实验室等公共卫生体系建设。开工建设省儿童医学中心（省儿童医院）等项目；开工建设国家西南区域应急救援中心、四川综合应急救援基地。"除了公共卫生与医疗设施，四川在城镇化进程中，还应认真总结分析关键问题，完善应急管理体系的制度建设，从法制、体制、机制等多层面建立健全公共卫生应急体系，加强重大公共卫生突发事件流程管理，提高防控能力和效率。

（五）加强城市治理，将治理进一步向社区治理下沉

城镇化的健康发展，并非取决于城市规模，而是取决于城市治理能力。在治理主体上，应该是"人人有责、人人尽责、人人享有"的社会治理共同体，全面提升社会治理共同体的凝聚力和包容性是重要方向。在治理途径上，依托数字化平台建立完善的网格化管理机制势在必行。通过网格化管理实现政府职能与行政力量的下沉。其中，亟须健全网格化建设框架与职能结构，加强网格员队伍管理体系，完善信息系统管理平台。在治理手段上，将科技支撑纳入社会治理体系，是提高治理效能的关键措施。不仅要将人工智能、大数据、互联网、云计算等技术工具运用到治理中，还要将新技术思维融入治理的具体过程。

城乡社区与城镇化健康发展联系密切，社区不仅是人们生活的家园，更是国家治理的"最后一公里"，关系社会和谐问题。四川城镇化率突破 50%，往往是各种矛盾高发期，社区的地位将在未来四川城镇化建设中进一步凸显。包括人民调解会、社区工作站、社区服务站、社区义工站、校友会、社区艺术团等在内的各种类型的社区组织，应该成为社区治理的主体。社区治理的改进还应该更好地促进社区生态化和智慧化，比如生态卫生习惯、规范普遍的垃圾分类等；加强社区智慧云平台建设，运用大数据开展宣传教育，提高应急管理效率。

（六）融入新的科技与产业革命，发展新经济、培育新动能

新经济新动能对助推经济增长乃至高质量发展具有重要的支撑作用。新

技术、新业态、新模式、新产业将推动新一轮产业变革，城镇将成为承载新经济的重要空间载体。新信息基础设施、新生产要素将为四川城镇化带来前所未有的机遇。在城镇化进程中发展新经济、培育新动能，首先要营造更加有利于新经济新动能成长的环境，破除新经济成长的潜在障碍。完善新消费领域的网络环境与信用环境，加强产品质量风险监控，完善市场信用体系，健全消费者权益保护机制。吸引和培育一批数字产业龙头企业和前沿领域高成长创新型企业，如四川已经有新潮传媒、医云科技、1919酒类直供和驹马物流等独角兽企业。促进数据资源开放共享，鼓励新经济企业积极开拓应用场景。成都市明确提出"要大力发展新经济，推动实体经济数字化转型"，并设立了100亿元新经济创投基金，投资金额的1/3份额所购股权按"投资额＋固定收益"由被投企业核心团队回购，1/3份额所购股权按"投资额＋固定收益"由投资者收购，剩余1/3份额所购股权按市场化方式运作，共同分享产业发展红利。

不断壮大人工智能、大数据、5G、超高清视频等数字经济核心产业规模。围绕"5＋1"现代工业体系、"10＋3"现代农业体系和"4＋6"现代服务业体系，聚焦生物科技、先进医疗、企业服务、硬件与设备、文体娱乐、消费升级等优势行业，增强新技术创新能力，提供多元应用场景，统筹推进传统产业数字化转型与新产业新业态发展。加大新经济高端人才引进力度，完善新经济学科建设，通过重大研发任务和基础平台建设，加快形成一批高水平创新团队。

（七）统筹城乡发展，促进乡村全面振兴

以县域为单位，构建城乡融合发展的体制机制。通过深化农村集体产权制度、农村产权交易流转体系、宅基地制度改革，创新城乡融合发展的产权机制；通过引导财政金融资金、社会资金增加对乡村振兴的投入，以及推进农村承包土地的经营权抵押等创新城乡融合的投入机制；通过统筹城乡发展规划，加快农村基础设施建设、促进农村公共服务体系建设，创新城乡融合共享机制；通过加强基层组织建设、完善村级治理，创新城乡融合的治理机制。

充分挖掘农业与乡村的多重功能、多重价值，促进乡村生态价值、文化价值协同转化，农业业态由单一农业生产向三产融合发展转变。通过建设现代农业基地、培育农业新产业、创立区域品牌、拓展销售市场等手段，不断提高农业现代化水平。注重农业科技支撑，推进产学研融合，推广先进实用技术，培育新农人，推动乡村高质量发展。加快农业综合改革，深化农村土地改革，保护乡村集体、农户和农业投资人各方合法权益，引导更多城市资本流向农村，建立多元化投资机制，破解乡村振兴"融资"难题。优化农村教育事业、环境基础设施、医疗卫生服务体系建设。

参考文献

黄奇帆：《公共卫生领域需要供给侧全面改革》，《中国经济周刊》2020 年第 3、4 期合刊

王萍：《健康城市的中国方案——专访世界卫生组织驻华代表高力》，《环球》2019 年第 9 期。

盘和林：《未来社会治理新趋势：大数据＋网格化实现防控精准化》，全景网，2020 年 3 月 4 日，http：//www.p5w.net/weyt/202003/t20200304_2384292.htm。

农民工与城镇化篇
Migrant Workers and Urbanization

B.3
新时代四川农民工返乡创业就业问题研究

"新时代四川农民工返乡创业就业问题研究"课题组*

摘　要： 在新时代我国农民工出现整体性变化背景下，近年来四川返乡创业就业农民工日趋增多，呈现一些新特点、新趋势。四川重点从政策扶持、园区建设、服务保障、创业培训、就业招聘、乡村治理等方面开展工作，引导农民工返乡创业就业。结合彭山区农民工问卷调查，本报告认为四川农民工返乡创业就业仍然面临一些问题和挑战，包括基层工作的认识偏差、农村人力资源信息数据缺乏、营商环境不优、缺乏精准对接渠道、对治理人才缺乏长效激励机制、小城镇建设普遍滞后

---

*　课题组主要成员：郭晓鸣、张鸣鸣、李一曼、赵文华、曾旭晖、晏珠。本报告执笔人为张鸣鸣。张鸣鸣，博士，农业农村部沼气科学研究所研究员，主要研究方向为农村人居环境战略和政策、城镇化、农民工等。

等，并从科学引领、建立人力资源数据信息系统等六个方面提出对策建议。

关键词： 农民工　返乡　创业就业　乡村振兴

当前，中国已经进入城市和乡村的双重转型发展阶段。一方面，城镇化的驱动力从简单的要素集聚、扩大生产规模向以技术创新和组织方式创新为核心动力转型，以关注创新主体和创新要素交互作用为基本特征的新型城镇化发展路径已经确立。另一方面，乡村发展正在从简单的项目落地和产业增长向农业农村现代化为核心目标转型，确立了以构建有利于新时代乡村发展的制度框架和政策体系为重点的乡村振兴发展道路。以协调推进新型城镇化和乡村振兴两大战略为抓手，重塑新型城乡关系、走城乡融合发展之路是中国高质量发展的必然选择。作为城乡之间最关键、联系最紧密的主体，农民工在中国城镇化、工业化和农村现代化过程中做出了突出贡献，既是城市和工业体系中不可或缺的重要支撑，又是乡村发展中最具潜力的人才力量。当前，农民工返乡创业就业出现新变化、新态势，在城镇和乡村发展两大转型的背景下，关注返乡农民工的新需求和新挑战，并进行及时有效应对，具有全局性、前瞻性和战略性意义。

一　新时代我国农民工出现整体性变化[*]

（一）农民转移输出过程不可逆，西部地区劳务开发仍具潜力

国家统计局发布的农民工监测调查报告显示，2018 年全国农民工总量为 2.88 亿人，比上年增加 184 万人，继续保持高位增长，尽管增速显著趋

---

[*] 本部分来自张鸣鸣《双重转型背景下农民工的分化和应对》，《四川日报》2019 年 7 月 4 日。

缓，但依然大幅高于人口自然增长水平。当前，我国处于城镇化和工业化发展中期阶段，乡村人口减少、城镇人口增加的过程将持续。

值得注意的是，西部地区输出农民工 7918 万人，比上年增加 104 万人，对总量增长贡献率达到 56.5%，[1] 西部地区农民工人数增长连续三年高于其他地区。这表明，尽管 2010 年全国劳动力年龄人口达到峰值、2014 年农村新增毕业生达到峰值，但西部地区劳务开发仍然有较大潜力。这与西部地区城镇化总体发展相对滞后有直接关系，尤其是贫困地区部分农村劳动力有就业意愿但缺乏就业能力，在东西部劳务协作等一系列就业扶贫举措帮扶下，通过政策带动、技能培训和组织转移实现了就业。2017年四川省实现贫困劳动力转移就业 85.2 万人，公益性岗位托底安置贫困劳动力 8.3 万人。

（二）东部地区是输出重点区域，返乡不返农态势显现

从转移输出流向看，东部地区吸纳农民工总量与上年相比略有下降，但依然占农民工总量的半壁江山，收入优势是吸引农民工的最主要因素。2018年，东部地区就业的农民工月均收入为 3955 元，同比增长 7.6%，分别比西部地区高 433 元和 2.5 个百分点。前期课题组在多地针对川籍农民工的调研显示，东部地区用工较为规范，劳动权益保护较好，是农民工选择跨省流动的重要原因。

农民工流动方向的一个整体性变化在于，本地农民工增加是近年来农民工总量增长的主要原因。2018 年，本地农民工比上年增加 103 万人，占增加农民工总量的 56%；2010～2018 年，本地农民工合计增加 3125 万人，占增加农民工总量的 67.7%。[2] 结合中国劳动年龄人口在 2010 年达到峰值的现实来看，部分退出城市劳动力市场的农民工并未返乡务农，而是在本地重新寻找就业机会，这一判断与本地农民工平均年龄 44.9 岁、高于外出农民

---

① 如未特别说明，本文数据均来源于四川省人力资源和社会保障厅统计调查数据。

② 参见国家统计局《农民工监测调查报告》（2010～2019 年）。

工 9.7 岁的统计结果高度吻合。主要原因在于，新型城镇化战略推进小城镇建设，就地就近就业成效初显。改革开放以来的经验研究表明，年轻农民工进城务工以获取现金收入、年龄偏大农民工返乡务农以维持温饱的"半工半耕"方式，是农民工服务家庭再生产的理性选择，也是中国大规模快速城镇化过程中，成功避免拉美地区和其他发展中国家超前城镇化困境的重要经验。① 进入新时代，在城镇化和乡村发展的双重转型背景下，年轻农民工继续进城务工、年龄偏大农民工返乡不返农，将成为下一阶段发展的主要趋势。

（三）制造业从业人员数量下降显著，收入增加效应凸显

2010 年，国家统计局公布的《农民工监测调查报告》中显示，农民工中从事制造业的所占比重最高，占 36.7%，到 2018 年，制造业从业农民工减少了 900 万人左右，占比降低了近 10 个百分点，为 27.9%。② 这十年正是中国制造业从低成本产品向高端产品加速转型的关键时期，产业结构调整的同时，在传统吸纳农民工能力较强的生产、设备操作等一线岗位上，工业机器人在技术上和成本上优势凸显，一批重复性较强、未来发展空间较小的工作被机器替代。

值得关注的是，制造业从业农民工的收入显著增加，2018 年月均收入为 3732 元，比 2010 年增加 2150 元，年均增幅达到 11.3%，③ 收入水平高于批发零售业、住宿餐饮业等第三产业，增速在行业中处于领先地位。在对广东、成都、眉山等发展阶段不同的农民工输入地调研中发现，不少农民工已经成长为工厂的技术骨干和管理人才。这一事实表明，改革开放以来为中国制造业做出巨大贡献的农民工，正在从传统认知中的"流水线工人"向具有专业技能的高素质人力资本转变。

---

① 夏柱智、贺雪峰：《半工半耕与中国渐进城镇化模式》，《中国社会科学》2017 年 12 期。
② 参见国家统计局《农民工监测调查报告》（2010~2019 年）。
③ 参见国家统计局《农民工监测调查报告》（2010~2019 年）。

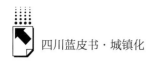

（四）农民工受教育程度提高，新人口红利正迅速崛起

长期以来，整体文化素质不高成为社会各界对农民工群体的固有认知。2018年《农民工监测调查报告》显示，高中、专科及以上学历的农民工占比分别达到16.6%和10.9%，尤其是在外出农民工中，专科及以上文化程度的占比达到13.8%，与十年前相比增长十分显著，专科及以上文化程度农民工总规模已经与美国对应的劳动人口相当。[①]

从年龄结构看，1980年及以后出生的新生代农民工占全国农民工总量的51.5%，其中，"90后""00后"农民工已经占新生代农民工总量的49.6%。新生代农民工特别是"90后""00后"群体，受教育程度普遍较高，对城市的认同度较高，具有较强的城市融入能力，他们中的一部分已经或正在快速成长为懂技术的产业工人和懂管理的创新人才。值得关注的是，不少"80后"与家乡有十分紧密的地缘和亲缘关系，有返回家乡创业就业的基础条件和情感支撑，在我国从旧人口红利向新人口红利转变的过程中，新生代农民工将成为城市和乡村发展不可或缺的重要支撑。[②]

二 四川农民工返乡创业就业的现状

（一）四川农民工返乡创业现状

十八大以来，特别是国务院、四川省政府相继出台支持农民工返乡创业的政策文件后，全省农民工等返乡创业人员持续增多，返乡创业热潮逐渐形

---

① 根据《中美劳动人口受教育程度的现状比较与启示》测算，2010年美国劳动人口中专科及以上文化程度人数7702万人，2018年我国农民工中专科及以上文化程度为7920万人。参见张海水《中美劳动人口受教育程度的现状比较与启示》，《复旦教育论坛》2014年第1期。

② 参见国家统计局《农民工监测调查报告》（2010～2019年）。

成。截至 2018 年底，全省农民工等返乡创业人员累计达 65 万人，创办企业 16 万家，带动就业 200 余万人，实现总产值近 4000 亿元，成功创建 20 个国家级返乡创业试点县、示范县，数量居全国第三。返乡下乡创业已成为扩大就业容量、促进城乡协调发展和助推脱贫攻坚的新引擎。总体上看，当前四川省农民工返乡创业呈现如下四个特点。

1. 创业领域相对集中

从各地调查汇总情况看，农民工返乡创业的行业分布和涉及范围广，从事项目有种植、养殖、电子商务、餐饮娱乐、建筑、农产品加工、运输、维修等行业，但主要集中在种植养殖业、电子商务和乡村旅游服务业。遂宁市 2015 年以来新增农民工返乡创业 8100 人，种植养殖业占 75%，加工制造业占 6%，旅游、餐饮等服务业占 16%。根据 2017 年成都市就业局开展的一项"返乡创业调查"，74% 的受访者有较为明确的创业愿望和打算，34% 的受访者倾向于选择种植养殖业，15% 的受访者愿意从事加工制造业，28% 的受访者愿意从事旅游、餐饮、物流等服务业。雅安市农民工返乡创业总人数 7451 人，从事种植养殖业的占 43%，从事加工制造业的占 6%，从事旅游、餐饮等服务业的占 34%。

2. 创业项目接地气

从各地农民工返乡创业创办经济实体的行业分布和企业类别看，大致可以归纳为三种情况。一是基本生存型。创办家庭小作坊、小卖店、小餐馆、电子商务店等小微经济实体。这种类型起步门槛低，对资金、技术和管理要求不高，投资少，风险小，以服务业为主。截至 2017 年 4 月底，达州市共有 5.9 万名农民工返乡创业，创办企业 1226 个，个体工商户 1.2 万户，农民专业合作社 1851 个。其中，投资规模在 100 万元以下的小微企业占 92.9%。二是政策引导产业带动型。利用当地资源优势和产业发展优势，围绕种植、养殖、旅游休闲等行业创办经济实体，以家庭种植养殖场、农业专业合作社、旅游服务及农家乐等形式创业。三是沿海地区产业转移创业型。在沿海等经济发达地区打工的部分人员，带回技术、管理经验、市场客户和订单，有的还带回熟练工人，创办机械电子、制衣、制鞋、制包、玻璃制品

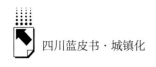

等类型企业。

3. 青壮年农民工是返乡创业主力军

从各地抽样调查看，返乡创业农民工主要是 30～45 岁年龄段的青壮年。2015 年以来，眉山市农民工返乡创业 9659 人，投资兴办了涉及种植、养殖、加工、维修等创业项目 1444 个，实现年创总产值 5.7 亿元，返乡创业项目吸纳农村富余劳动力 8.1 万人。创业者年龄以 30～45 岁为主，男性占67%，女性占 33%。截至 2017 年 4 月，巴中市返乡创业人员 9725 人。其中，农民工 8494 人，企业主 1133 人，毕业大学生 82 人，退役军人 16 人。从年龄结构看，20～30 岁的 1796 人，占总数的 18.5%；31～50 岁的 6867人，占总数的 70.6%；51 岁及以上的 1062 人，占总数的 10.9%。

4. 抱团发展展现优势

选择抱团取暖，创办股份制企业，是部分返乡农民工创业的明智之举。无论是川西平原、川中丘陵、盆周山区，还是川西北高原少数民族地区，近年来都涌现出一批由几个甚至十几个返乡农民工结伴创建的合伙企业。有的利用在外打工时学到的技术、掌握的信息和社会资源，办起机械电子加工、汽车配件、服装、箱包、制鞋等加工企业，有的流转大片土地搞特种养殖、特种种植农场，有的开办集旅游、观光、体验于一体的休闲农庄。

（二）四川农民工返乡就业现状

1. 从省外返回省内就业农民工持续增长

从以省外就业为主转为省外与省内两大就业战场并重的局面，越来越多的农民工选择在本省就业，其中外省返回本省的农民工占据重要地位。20 世纪 90 年代以来，除个别年份外，四川农民工长期保持以省外务工为主的格局，到 2003 年，省内外务工数量差达到 515 万人的峰值，在"非典"等外部影响去除后，又连续六年保持了省外与省内 100 万人以上的务工人员差值。直到 2012 年，全省农民工总量超过 2400 万人，达到 2414万人，整体流向出现历史性转折，省内转移数量高于省外 174.6 万人，连续 7 年保持这一态势，到 2018 年，省内务工总人数已超过省外 484 万人。剔除农民工总量增长的因素，2012~2018 年省内务工农民工数量依然大幅高于省外（见图 1），这表明返乡农民工为省内农民工增量做出主要贡献。

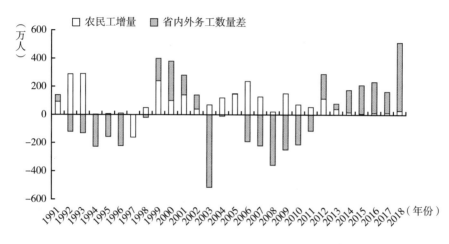

图 1　1991~2018 年四川省农民工增量及省内外务工数量差

2. 本地就业农民工数量逐渐攀升

近年来，四川省农民工本地就业规模总体呈现攀升态势，但在具体流向上呈现两大特点。

一是有条件的建制镇呈现农民工持续快速流入态势。四川有 2000 多个建制镇，占全国建制镇总数的近 1/10，新型城镇化战略实施以来，全省大力推进小城镇建设，到 2018 年末，全省已经有 18 个建制镇达到了 5 万人以上人口规模（见表 1），有 25 个镇跻身"2018 年中国综合实力千强镇"，地区生产总值超过 50 亿元的镇有 14 个。一批产业特色鲜明、辐射带动能力较强、发展潜力突出的小城镇成为国家级和省级特色小镇，在撬动社会资金、吸纳劳动力就业、集聚各类发展人才、提供优质公共服务等方面具有显著优势，成为不少返乡农民工就地就近就业的重要载体。2013~2018 年，"百镇建设试点行动"300 个试点镇就地就近吸纳农业转移人口 119.4 万人。

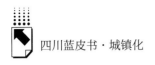

表1　2013～2018年300个试点镇规模变化情况

单位：个，%

人口规模	2013年		2018年	
	城镇数量	比例	城镇数量	比例
≥5万人	5	1.7	18	6.0
3万～5万人(不含5万人)	16	5.3	42	14.0
1万～3万人(不含3万人)	172	57.3	161	53.7
总计	193	64.3	221	73.7

资料来源：四川省城乡规划设计研究院，2013～2018年"百镇建设行动"阶段性评估报告，2019年5月。

二是成都平原经济区特别是成都市及天府新区范围呈现大幅流入状态。2018年，成都市农村转移劳动力248.87万人，其中本市内务工200.68万人，占80.6%；近年来眉山市泡菜产业带动2.6万名农民就近就业，返乡创业者吸纳就业总人数达到30.28万人；位于天府新区的百万人口大县仁寿县，返乡务工人员就业达到10.68万人，主要从事生产加工业、建筑业、服务业。

三　四川农民工返乡创业就业工作的主要做法和经验

(一)强化创业政策扶持

为鼓励和促进农民工等人员返乡下乡创业，切实解决创业中遇到的各种瓶颈，四川省政府于2015年、2017年先后制定出台了73号、32号文件，在降低创业准入门槛、财政贴息、创业担保贷款和金融扶持等方面打通了政策壁垒。2018年出台《促进返乡下乡创业的二十二条措施》，指导市州搭建融资对接和信用信息共享平台，帮助1.18万户诚信小微企业获得银行信贷支持；按各地担保基金实际分险金额的50%对市、县实施创业担保贷款分险奖补，充实创业担保贷款基金；按照不低于全省下达年度新增建设用地计划总量的8%单列用地计划，加大土地流转补贴力度；支持88个贫困县建立 1.76 亿元返乡创业分险基金,帮助贫困县撬动创业贷款 3.7 亿元,扶持 1654 人(户)实现返乡创业。

(二)夯实园区平台支撑

各地依托现有各类开发区、农业产业园,盘活闲置厂房等存量资源,整合发展了一批返乡创业孵化基地、返乡创业园区,不断夯实平台支撑。截至 2018 年末,全省共建立农民工返乡创业园(孵化园)245 个,农村创业创新园区(基地)580 个,县级电商综合服务中心 146 个,覆盖率已达 82%。同时,强化财政支撑,近年来省财政共投入创新创业扶持资金(基金)近 50 亿元,每年投入就业创业补助资金近 30 亿元,财政投入居西部地区之首。

(三)突出创业服务保障

为解决农民工等创业者不了解创业政策、缺乏创业技能和经验、抗市场风险能力弱等问题,四川省实施了"三大服务"工程。一是抓好"回引创业"服务。结合亲情回引、川商返乡发展大会等活动,全面宣传和推介四川省返乡创业政策环境,每年成功回引创业者约 8 万人。二是抓好"安心创业"服务。每年为十余万人(次)提供免费创业指导、项目推介等创业服务,成功开发创业项目 1.2 万个,培训创业者 2.3 万余人。三是抓好"成功创业"服务。通过大学生就业创业促进计划、"天府杯"创业大赛等活动,积极开拓市场,提升创业成功率,共成功培育产值百万元以上返乡下乡创业企业 400 余家。

(四)常态化开展返乡创业培训

探索建立农民工技能档案管理制度,组织实施农民工职业技能提升计划、农村青年电商培育工程、新兴职业农民培育行动等专项培训计划,推广校企合作、订单培训、定性培训模式,不断提升返乡创业者技能水平和经营能力。2015 年以来,全省累计培训农村劳动力约 87.4 万人,新型职业农民 14.2 万人。

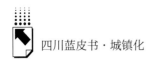

（五）开展返乡农民工就业招聘活动

2018 年 11 月以来，各地积极抓住农民工返乡过年有利时机，组织企业、园区等开展"春风行动"就业专场招聘会，累计召开农民工专场招聘会 799 场次，提供岗位 73 万个，有 16.4 万人达成就业意向；累计开展送岗位信息下乡入村活动 1955 场次，提供岗位 30 万个。

（六）探索返乡农民工从事乡村治理工作

出台《农民工定向回引培养工作实施方案》，从农民工中培养发展党员，每年每个乡镇发展 2 名左右农民工党员。从优秀返乡创业农民工中定向选拔村"两委"班子成员，特别优秀的选拔为村党组织书记、村委会主任。加大从优秀返乡农民中选聘乡镇机关公务员力度，积极推荐优秀农民工按程序担任各级党代表、人大代表、政协委员，参加劳动模范、先进工作者评选。

四 基于彭山区问卷调查的发现和判断 *

彭山区地处四川盆地川西平原南缘丘陵地区，是四川省眉山市市辖区，面积 465.32 平方公里，辖 2 个街道办事处、8 个镇、3 个乡，2017 年户籍人口和常住人口分别为 33 万人和 32.01 万人，地区生产总值为 149.24 亿元，城镇和农村居民人均可支配收入分别为 31939 元和 16848 元。2019 年元旦和春节期间，彭山区开展了"全覆盖返乡农民工调查慰问活动"，采取调查问卷形式，深入全区行政村，对 21257 名春节期间返乡农民工开展调查，其中 2018 年在省外就业的为 5555 人，占 26.1%；省内就业 15702 人，占 73.9%。省内就业人员中，省内市外就业 6196 人，占全部受访农民工的 29.1%；市内县外和县内就业分别为 1422 人和 1749 人，分别占 6.7% 和 8.2%；有 6335 人无法区分到县。我们对省外、省内县外和县内三个群体进行比较，有如下发现。

---

* 由于四舍五入的原因，本部分个别统计项占比在误差范围内合计不等于 100%。

（一）基本情况

1. 省外男性农民工占比略高

总体上看，男性农民工比例较高，20455 个性别类有效回答中，男性有 12317 名，占 60.2%。不同地区务工者的性别比例无明显差异，出省务工的男性比例略高于省内县外和县内（见图2）。

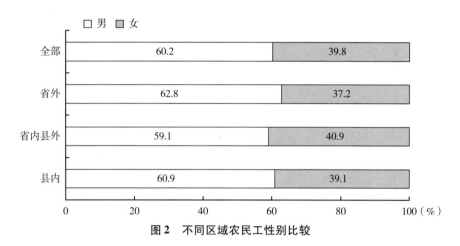

图2　不同区域农民工性别比较

2. 45岁及以上农民工占比较高

受访者平均年龄42.5 岁，1980 年及以后出生的新生代农民工 8343 名，占 39.1%，45 岁及以上受访者占47.4%。不同区域受访者年龄有一定差别，30～44 岁受访者中省外务工占比最高，为44.7%；29 岁及以下受访者中县内务工占比最高，为18.3%（见图3）。本地调查与《农民工监测调查报告》中"新生代农民工占比达到51.5%"的判断存在较大差距，可能与部分新生代农民工在调查时未能返乡有关。

3. 省内县外农民工受教育水平高于其他群体

全部受访者中，小学及以下文化程度的占4.8%，初中或中专文化程度的占59.7%，高中和职高受访者占26.7%，大专及以上文化程度的占8.5%，受访农民工文化程度整体上低于全国水平。分区域看，省内县外务工者整体受教育水平高于省外和县内两个群体（见图4）。

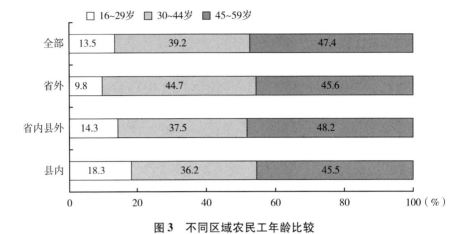

图3 不同区域农民工年龄比较

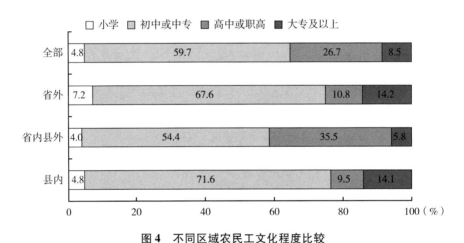

图4 不同区域农民工文化程度比较

4. 已婚农民工占比较高

全部受访者中，已婚、未婚者分别占92.7%和5.9%，已婚者占绝大多数。婚姻情况在不同地区没有显著的统计学意义差别，县内农民工未婚者占比相对较高，达到9.8%（见图5）。

5. 省外务工高收入者占比明显较高

约80%的农民工月收入为2000~5000元，18.7%的受访者月收入在5000元及以上。值得注意的是，省外务工者月收入5000元及以上的占比超过30%，相对而言，县内仅有3.7%的务工者能达到这一收入水平（见图6）。

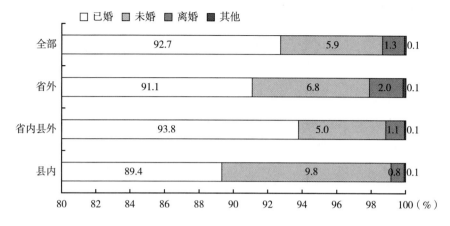

图5 不同区域农民工婚姻状况比较

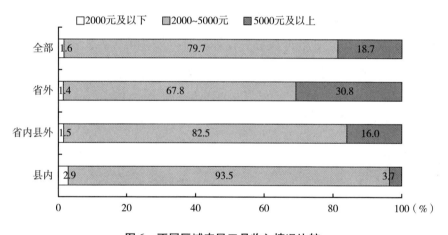

图6 不同区域农民工月收入情况比较

6. 本地农民工接受过职业培训的比例最高

全部受访者中仅有16.6%的农民工接受过职业培训，省内县外务工的受访者接受职业培训的比例最低，仅为12.5%，县内农民工最高，达到30.1%（见图7）。

7. 第二产业从业者占比偏低

从农民工所在行业看，建筑业和制造业从业人员占比分别为17.9%和8.5%。尽管四川省近年来服务业发展迅速，吸纳了大量劳动力，但与全国

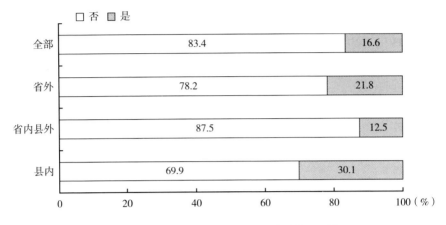

图7 不同区域农民工接受职业培训情况比较

18.6%和27.9%的比例相比，这一数据仍然偏低。同时，农民工在居民服务业和其他服务业就业的占比接近40%。进一步分析发现，省外务工农民工中，建筑业和制造业从业人员占比分别为25.6%和14.7%，合计为40.3%，表明四川省第二产业发展相对不足，使省内就业的农民工在这两个行业的从业机会较少（见图8）。

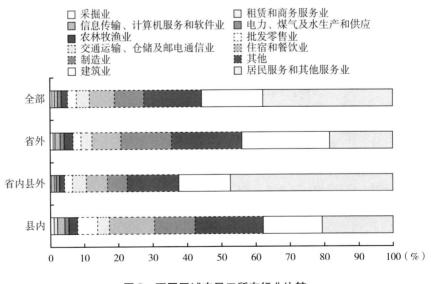

图8 不同区域农民工所在行业比较

（二）发展意愿

1. 返乡务工意愿较强

异地务工农民工中，有超过 20% 的受访者希望能够返乡，省外务工者返乡意愿略高，但与省内务工者相比并无显著意义。其中，希望返乡的受访者中有超过 70% 具有返乡务工意愿（见图 9）。

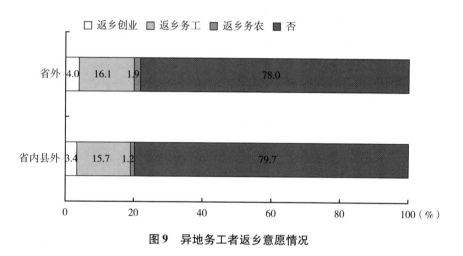

图 9　异地务工者返乡意愿情况

2. 县内农民工择业地倾向相对稳定

在择业地倾向的选择上，省外、省内县外、县内三个区域从业的农民工存在十分显著的差异。61.9% 的省外农民工倾向于回本省务工，县内务工的农民工有 60.4% 倾向于依旧留在本县务工，省内县外农民工中无明确倾向的占比最高，达到 54.5%。实地调研情况和前述返乡意愿相结合，表明省外农民工具有十分显著的家乡情结，但心动要转化为行动仍需更多努力。

3. 少数农民工有入党和从事乡村治理的意愿

全部受访者中有 3.0% 的农民工有入党意愿（见图 11），主要来源于省内县外务工群体，这部分农民工占比虽然不高，但应当成为重点关注的群体。

与之类似，愿意回乡担任村干部的农民工比例较低，仅为 0.9%（见图

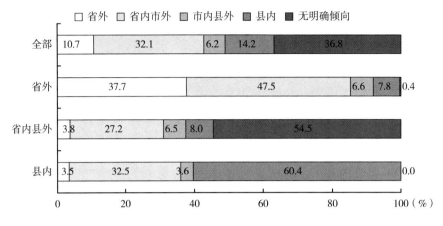

图 10 不同区域农民工择业地选择情况

12)，表明村干部对农民工的吸引力较低。但这部分农民工将成为乡村振兴的重要人才来源。

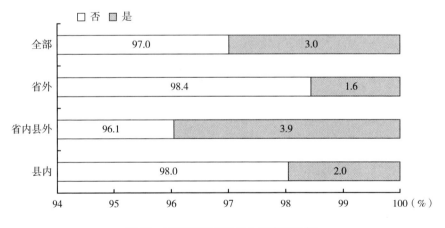

图 11 不同区域农民工入党意愿比较

（三）有返乡意愿农民工的主要特征

问卷调查表明，有3247名受访者有返乡务工、务农或创业意愿。其中，2464名希望返乡务工，占75.9%；希望返乡创业和返乡务农的分别为554名和229名，占17.1%和7.1%。课题组对这部分群体的社会学特征进行进

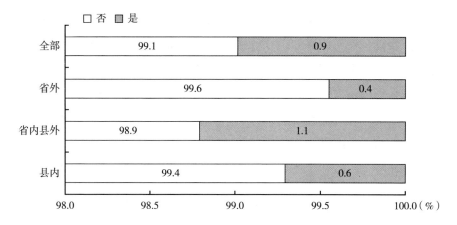

图12　不同区域农民工返乡担任村干部意愿情况

一步分析，有如下发现。

有返乡意愿农民工中，女性有 1470 名，占 45.3%，高于整体样本性别比例 5.5 个百分点。根据实际调查情况初步判断，由于这部分女性在家庭分工中需承担更多照顾责任，因此具有相对较强的返乡意愿。

有返乡意愿农民工中，有两类文化程度群体值得关注。一是大专及以上的有 355 人，占 10.9%，高于总体样本 2.4 个百分点；另一个是初中或中专2491 人，占 76.7%，高于总体样本 9.1 个百分点。进一步分析，两类群体的需求表现出较大差异。大专及以上受访者返乡的主要目的在于创业和务工，占比分别为 47.6% 和 32.7%，而初中或中专受访者返乡的主要目的为继续务工，占比达到 83.4%（见表2）。

表2　不同文化程度农民工返乡意愿比较

单位：人，%

	大专及以上		初中或中专	
	频率	百分比	频率	百分比
返乡创业	169	47.6	291	11.7
返乡务工	116	32.7	2078	83.4
返乡务农	70	19.7	122	4.9
总计	355	100.0	2491	100.0

有返乡意愿的农民工中，中青年占比最高。其中，30～44岁占比达到51.1%，超过整体受访者11个百分点，此外，45～59岁占比为36.6%，低于整体样本，而29岁及以下者占比与整体基本持平。

有返乡意愿的农民工中，目前在省内县外和省外就业的分别有1967人和1219人，占比分别为60.6%和37.5%，但相对于总体样本中省外就业占比仅为26.1%，四川省外就业群体返乡需求更需引起重视。

五 四川农民工返乡创业就业面临的主要问题和挑战

（一）认识偏差是影响农民工返乡创业工作实效的重要原因

当前四川正处于城镇化和工业化提速发展阶段，将有条件的农村劳动力持续转移输出是尊重经济社会发展规律、实现高质量发展的必然选择。但从四川省现实需要出发，新型城镇化和乡村振兴战略中，乡村发展人才的匮乏存在普遍性，返乡农民工的数量明显不足，多数仍处于观望状态，"有意愿没行动"特点突出。从总体上分析，当前对农民工返乡创业就业的认识存在一定偏差，大多数基层政府和职能部门往往将农民工视为"农村剩余劳动力"而非乡村振兴可以依靠的人力资源积累，视为需要帮扶的"弱势群体"而非有能力、有意愿地自觉发展的人力资本，导致引导农民工返乡工作存在三个方面的不足。一是组织动员手段传统，导致推进工作效率不高，实际返乡农民工规模不足。调查发现，各地当前主要还是通过逐级下发文件并由乡镇和村社干部以一般性开会动员方式，组织引导具有潜在意愿的农民工返乡，基层干部的个人能力、意愿以及付出的时间精力均在不同程度上影响农民工实际返乡的规模水平。当前存在的主要问题是相当一部分组织动员工作不仅流于形式，而且实际覆盖面较小、信息遗漏等问题突出。二是瞄准对象方向单一，导致返乡农民工结构性失衡。调研发现，各地动员农民工返乡更加倾向于具有较强经济实力的成功人士，对数量更多的小微创业者、新生代农民工等关注度明显不足。三是政策支持措施有限，对农民工返乡创业的实际激励不足，现有支持政策重点在于通过贴息贷款、财政奖补等满足返乡农民工即期需求，而对返乡创业就业长远性的促进能力提升和改善营商环境的两个重要方面普遍缺乏应有的重视。

（二）农村人力资源信息数据缺乏是挖掘人才潜力的瓶颈

四川省农民工规模大，分布区域遍布全国，企业间、产业间以及区域间保持了较为快速的流动等基本特征，给准确了解和掌握群体特征和个体需求及其变化带来了较大难度。近年来，人力资源和社会保障部门加强了相关信息数据库建设，陆续建立了农民工基础信息、返乡创业农民工信息等数据库，这成为四川省出台相关政策文件的重要参考。但调查显示，现有数据采集主要依赖传统手段，由村社收集数据、地方职能部门填报上传，存在数据收集成本高、难以及时进行动态更新、数据信息真实性缺乏保证等不足。因此，以滞后和不准确的数据信息为依据开展引导农民工返乡的相关工作，必然导致缺乏实际效率和成效的突出问题。

（三）营商环境不优是农民工返乡创业的最大担忧

近年来，四川省市场发育的成熟度有所提高，行政部门的服务意识大幅增强，但与东部发达地区相比仍然存在较大差距。调研中，相当数量的川籍农民企业家表示希望能回到故土、建设家乡，但"办事难、难办事"让他们望而却步，主要表现在办事流程复杂且不透明、窗口多但遇事诉求无门、人情世故烦琐等，甚至"新官不理旧账"导致的招商承诺无法兑现、项目完工后资金难以收回等现象也屡见不鲜。

（四）缺乏精准对接渠道是"引回来"的难题

尽管绝大多数农民工选择将户口保留在家乡农村，但随着城镇化进程的不断推进，越来越多的农民工和川籍农民企业家选择举家外出，与家乡的联系日趋减弱，尤其是省外务工的农民工常年在外，对家乡的发展、相关政策和项目需求知之甚少，不少多年前"抱团外出"的农民工甚至在当地找一

位可帮助信贷担保的人都困难。近两年来，四川省加强互联网等信息手段的运用，通过微信、政务 App 等方式，以及 2019 年春节开展的多种形式慰问活动，不少农民工了解到乡村振兴发展战略和重大举措，但对他们最为关心的本县、本乡甚至本村情况缺乏了解渠道，"不知道回来干什么"成为人才回引的首要问题。

（五）长效激励缺失是乡村治理人才"留下来"的主要障碍

在省委、省政府的大力推动下，有条件的农民工返回家乡担任村社干部的渠道基本畅通，有些地方如眉山、大竹等还探索建立了针对乡村"能人"的发现、回引、培养和遴选等模式，取得了良好效果。但从调查情况看，"能人"返乡很多时候是基于情感考量，与这些人放弃城市务工或经商的机会成本相比，从事乡村治理工作带来的物质保障和社会地位的激励显著不足，也与他们付出的时间精力和做出的贡献不匹配。2018 年以来，四川各级地方党委和政府高度重视农民工工作，每年拿出一定比例乡镇公务员、事业单位人员岗位，向优秀村干部、优秀工人农民和服务基层项目人员定向招考招聘、定向公选，但一方面定向招录名额十分有限，另一方面返乡农民工整体受教育水平偏低、应试能力和经验相对不足，加上村社事务繁杂，往往难以通过考试竞争进入乡镇正式工作编制。对于返乡从事基层工作的人才来说，收入上的损失难以弥补的问题尚可以克服，但未来发展上升空间预期不足、社会身份被边缘化的问题则成为乡村治理人才"留下来"的主要障碍。

（六）小城镇建设普遍滞后是返乡农民工面临的重大困难*

全省现有 2196 个建制镇，分布在 21 个市州，其中成都平原经济区、川东北经济区、川南经济区分别占 39%、29% 和 19%，攀西经济区和川西北生态区合计占 13%。大多数小城镇规模在 1 万人以下，即便在全省条件较好的 300 个试点镇中，平均人口规模仅为 1.6 万人。小城镇规模小、分布

＊ 本部分内容来自张鸣鸣《赋予重点小城镇更新内涵和更高站位》，《四川日报》2019 年 7 月 8 日。

广，加上在行政层级中末端，人力、财力、物力难以集聚在小城镇中，近年来尽管四川小城镇基础设施和公共服务投入总量不断增加，农村多元化产业项目投资日趋增长，但小城镇基础差、底子薄的现象在全省范围内依然普遍存在，不仅在偏远山区、少数民族地区和贫困地区矛盾十分突出，即便在基础设施条件较好的成都平原也同样存在。大多数城镇缺乏完善的基础设施和公共服务配套，乡镇领导干部素质水平差异明显，基层管理和技术人才普遍缺乏。部分城镇在财政大力投入下配置建设了污水处理、垃圾处理等设施，但成本过高、人力不足等导致勉强维持或难以维系现象普遍存在。在这种情况下，返乡农民工落户小城镇将面临较多再就业难、生活不便等困难。

六　推动四川农民工返乡创业就业的对策

目前来看，农民工返乡存在的诸多障碍在短期内很难从根本上消除，但可以通过出台更加精准有效的支持政策，推进渐进式改革，以突破乡村振兴中各类人才返乡的障碍。

（一）科学推进农民工返乡创业就业工作

要深刻认识当前农民工返乡创业就业对新型城镇化和乡村振兴发展的重大意义，充分理解做好农民工返乡创业就业工作符合城镇化和工业化过程中乡村人口持续减少不可逆的客观规律，符合农民工正在从人力资源向人力资本转化、创造新人口红利的时代要求，既是经济任务、社会任务，更是政治任务。应制定包括劳务开发、农村改革、小城镇建设、法律保障和政策支持等在内的综合性、系统性、战略性规划，以此作为科学引领。

（二）建立政府主导、第三方专业化运营的数据收集及动态更新系统

作为现代治理体系的重要组成部分，构建功能齐备、数据真实、信息准

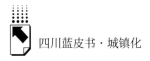

确、利用高效的人力资源数据信息系统是发展的应有之义，更是政府为外出务工人员及川籍企业家提供切实有效支持和服务的必然选择。应构建省级农民工和川商信息数据系统，采取购买服务方式，由第三方运营机构开发大数据信息库，对相关信息进行动态追踪、整理，并与人社部门和基层政府建立有效的合作沟通机制，对有条件的农民工开展点对点信息推送、不定期慰问和访问等工作。

（三）建立县、乡政府主要领导挂钩支持返乡创业项目的发展机制

从中山、东莞等民营企业发达地区的发展历程和经验看，建设优良的"软环境"是一项长期且综合性的重大工程，难以一蹴而就。在不断探索优化营商环境的过程中，可先探索建立县乡主要领导挂钩中小微民营企业，采取"一对一"对口支持的方式，在法制和政策框架下给予返乡创业人才营商便利。

（四）建立统一平台、以镇村发展为主要内容的乡村机会清单制度

在全省乃至更大范围内建立乡村振兴机会清单制度，梳理、发布各乡（镇）、村（社区）乡村振兴发展项目、支持政策和各类人才供需信息，通过手机 App、微信公众号等方式动态发布，为外出务工人员提供回乡发展入口和机会。

（五）建立常态化的优秀乡村治理人才进入乡镇正式编制的"绿色通道"

针对返乡从事村社基层工作的优秀农民工身份边缘、待遇偏低的现实问题，建议加大乡村治理人才进入基层正式工作编制的支持力度，一是构建常态化的优秀实职干部遴选为乡镇事业干部兼任村社党支部书记的制度；二是探索针对乡村治理人才进入乡镇机关公务员的定期考核、推荐录用的方式方法；三是支持有条件的农民工群体在务工地建立临时党支部，使之成为发现、培养优秀乡村治理人才的重要平台。

（六）完善小城镇基础设施和公共事业建设

营造农民工落户中小城市和小城镇的优良环境，在投融资政策、土地指标等方面向小城镇适度倾斜，鼓励其积极承接东部地区产业转移，加强基础教育等公共事业建设。

B.4
四川农民工：研究意义、
历史贡献与工作经验*

"新时代四川农民工若干问题研究"课题组**

摘　要： 四川是全国劳务输出大省，深入分析四川农民工的历史贡献
和工作经验对准确把握农民工发展规律、推进农民工工作具
有重大的理论意义和现实意义。作为改革开放的实践者，四
川农民工为经济社会发展做出了积极贡献：在全国层面，农
民工是中国工业化和城镇化的重要组成部分、是社会二元分
割到包容发展的关键力量；在四川省内，农民工是农村经济
发展、乡村治理和农村减贫脱贫的重要推动力。农民工工作
一直是四川省委、省政府关注的重大议题，经过长期的探索
实践，四川农民工工作在强化组织保障、优化工作方式、维
护农民工合法权益、尊重农民工首创精神和完善农民工服务
体系等五个方面形成值得借鉴的经验。

关键词： 农民工　劳务开发　农民工服务

　　改革开放以来，中国农村劳动力冲破城乡二元体制樊篱，掀起了流动迁

---

　* 如无特别说明，本文数据均来自四川省人力资源和社会保障厅历年统计调查数据。

** 课题组主要成员：李一曼、张克俊、张鸣鸣、曾旭晖、里昕、杨伟、岳新胜、赵文华、晏珠
等。执笔人：曾旭晖。曾旭辉，博士，四川省社会科学院农村发展研究所副研究员，主要研
究方向为社会学、城镇化、农村发展。

徙大潮，从最初的涓涓细流汇集成川流不息的农民工大潮，规模之大、贡献之大前所未有。当前，中国特色社会主义进入新时代，社会的主要矛盾已经转化为人民日益增长的美好生活需要和不平衡不充分的发展之间的矛盾。迈入新时代，实现更平衡更充分的发展，必须更加强调从历史的、全局的、战略的高度审视、筹划农民工问题，既要破除制约农民工发展的体制机制障碍，让农民工和其他群体一起共同分享发展成果；更要牢牢把握农民工的新变化和新特征，创新农民工工作体制机制，释放农民工最大的人力资本价值，为推动经济高质量发展服务。

作为全国劳务输出大省，四川农民工总量占全国的8.7%，以输出地视角全面客观评价改革开放40多年农民工的历史贡献，准确把握农民工发展的历史规律，研究新形势下四川农民工的新变化、新特征，分析其面临的新问题、新挑战，探索全面推进四川农民工发展的长效机制和有效路径，提出新时代做好农民工工作的对策建议，不仅对四川推动高质量发展、实现社会和谐稳定具有重要意义和特殊价值，而且对全国破解农民工问题具有重要现实意义。

一 分析研究农民工问题的重大理论和现实意义

（一）研究农民工发展规律是马克思主义中国化的时代需要

农民工是中国城乡二元户籍制度背景下，随着改革开放进程逐渐从农民阶级分离出来的数量庞大的群体，他们在城市工作和生活，成为城市产业工人的重要组成部分，但户籍仍在农村并承包土地，这是中国特有的发展现象。

基于18世纪下半叶产业革命时期大机器生产引发的工人逐渐聚集、壮大的事实，马克思、恩格斯指出，资本积累使农民与土地分离，变为出卖劳动力的雇佣工人，是产业革命的产物。新中国成立以后，工人阶级成为国家的领导阶级，主要集中在城市的国有和集体企业。改革开放后，兼有农民和工人部分特征的农民工不断发展壮大，已经成为产业工人的重要组成部分。

中国共产党将马克思主义理论与中国现实相结合，创造性发展马克思主义，明确将农民工视为工人阶级的重要组成部分，是工人阶级产生的新的过程形态。在这种认识下，党和政府不断加大对农民工保障的力度，将农民工群体纳入城市工人范畴进行管理和服务，从最初的就业、工资保障等领域扩展到社保、住房、教育、医疗等各个方面，提高了农民工地位，促进了农民工流动。

习近平总书记指出："不论时代怎样变迁，不论社会怎样变化，我们党全心全意依靠工人阶级的根本方针都不能忘记、不能淡化，我国工人阶级地位和作用都不容动摇、不容忽视。"① 全面建成小康社会离不开农民工的辛勤劳动和奉献，全社会都要关心关爱农民工，切实保障农民工合法权益，要为农民工提供更优质的服务，扎实推进以人为核心的新型城镇化，促进农民工市民化。李克强指出："农民工这个称号值得所有中国人乃至全世界尊重。""农民工是推动国家现代化建设的重要力量，为促进经济社会发展作出了巨大贡献……着力稳定和扩大农民工就业，切实维护劳动保障权益，让发展成果更多惠及全体农民工。"② 党中央、国务院根据农民工发展规律做出的一系列科学论断和战略部署，是对工人阶级构成理论的又一次重大突破。在新的形势下，研究农民工发展规律是马克思主义中国化的时代需要，只有正确认识和把握好科学规律，才能更好调动广大农民工投身改革开放和社会主义现代化建设事业的积极性和创造力，巩固和扩大中国共产党执政基础，推动经济社会发展不断迈上新的台阶。

（二）总结农民工发展历史是新时代做好农民工工作的现实需求

农民工的发展历程是中国改革开放以来经济社会发展的缩影。在不同时

---

① 《习近平：工人阶级地位不容动摇》，人民网，2015 年 4 月 29 日，http：//politics. people. com. cn/n/2015/0429/c70731－26920477. html？from＝timeline。
② 《李克强：农民工这个称号值得所有中国人乃至全世界尊重》，中国政府网，2018 年 11 月 29 日，http：//www. gov. cn/xinwen/2018－11/29/content_ 5344590. htm；《李克强：着力稳定和扩大农民工就业 切实维护劳动保障权益 让发展成果更多惠及全体农民工》，中国政府网，2016 年 2 月 1 日，http：//www. gov. cn/guowuyuan/2016－02/01/content_ 5038142. htm。

期，农民工的政策导向和管理措施都具有当时历史阶段的鲜明特征，符合阶段性现实需求。改革开放初期，农民工进城务工，之后规模逐渐扩大，但当时由于受城乡二元管理体制约束，农民工流动还比较缓慢。1992 年之后，随着建立社会主义市场经济体制目标的确立，农民工开始大规模跨区域流动，但自发流动也带来了一些社会问题，为此国家加强了对农民工管理，流动就业证卡制度普遍推行。2003 年之后，国家对农民工更加重视，由加强社会管理向提供更多服务转变，流动就业证卡制度被废除，流动渠道从制度上得以打通，越来越多的农民工接受了就业、工资保障、培训、子女就学等方面的服务，由此农民工发展再度加速。2014 年之后，农民工享受的城镇基本公共服务领域更加宽广，得到的保障水平持续提升，农民工城市融合程度进一步提高。

随着中国新型城镇化和乡村振兴战略的推进、城乡融合发展体制机制的不断完善，农民工在促进农村发展、缩小城乡差距、推动城乡融合等方面都将发挥重要作用。今后，需要继续巩固和提升农民工就业水平，推动形成平等竞争、规范有序、城乡统一的劳动力市场，健全农民工劳动权益保护机制，鼓励农民工返乡创业兴业，推动农民工更好融入城市，支持广大农民工更多更好地共享改革发展成果。因此，总结好历史经验，明确今后农民工工作的发展方向，是新时代做好农民工工作的现实需求。

（三）重视农民工新发展是推动四川高质量发展的战略举措

当前，四川进入高质量发展新阶段，全省经济总量迈上 4 万亿元台阶，经济容量更大，但是四川高质量发展仍面临一系列挑战：转型高质量发展之路还在半程，新旧动能转换难题亟待破解；四川老龄化程度排在全国前列，人口红利加速衰减；脱贫攻坚任务繁重，持续稳定脱贫仍需努力；城镇化程度低于全国平均水平，城镇化建设与乡村振兴还需统筹兼顾。推进全省的高质量发展，对人力资源规模、结构、素质提出了更高要求。

经过改革开放 40 多年发展，农民工已占全省常住人口的 30%，他们的素质和技能已得到大力提升，是推进全省高质量发展、提升新型工业化城镇化水平、促进乡村振兴非常重要的生力军。在新的时代背景下，四川省农民工已经呈现一些新变化：农民工外出务工由单纯的挣钱型向融入城市和创业创富型转变，农民工就业由体能型向技能型转变，农民工流向由单向外输向就近就业和返乡创业转变，新生代农民工开始崭露头角，代际分化逐渐显现，区域差异更为突出，返乡创业农民工持续增多。只有认真研究农民工的这些新变化，才能充分引导和利用好 2500 万名农民工所蕴含的巨大力量，为推动四川高质量发展做出更大贡献。

在农民工发生新变化的背景下，四川省委、省政府审时度势，将农民工作为治蜀兴川的重要力量，把做好农民工工作作为一件大事来抓、作为一份重大政治责任来推动。2018 年至 2019 年初，四川省委书记彭清华先后在广州、杭州、成都等地召开农民工座谈会，看望慰问农民工代表，提出要及时推出一批有力度、有温度的政策措施，千方百计为广大川籍农民工提供更好的服务保障。一方面要鼓励广大农民工增强本领、提升能力，促进劳动务工转型升级，继续在发达地区就业创业，学到更多先进技术和管理经验；另一方面，要吸引更多优秀农民工返乡创业，注意从优秀农民工中物色培养入党积极分子和基层干部。因此，分析研究农民工的新趋势、新变化，提出新思路、新对策，是回应和落实省委主要领导要求的重要体现，必将推动农民工发展进入一个新的阶段。

（四）把握农民工新需求是做好农民工服务保障工作的基本前提

农民工随着经济社会发展而不断成长，需求也随之不断变化。改革开放初期，第一代农民权益诉求主要集中在就业和工资保障方面，相对简单。20世纪 90 年代以后，外出农民工数量迅速增加，除了就业和讨薪外，培训、子女教育等问题日渐突出。进入 21 世纪，"80 后"农民工群体逐步进入劳动力市场，农民工结构、行为和环境都发生了显著变化，他们利益诉求更多元，更向往城市生活。只有把握好农民工需求变化，才能提供更加高效、精准的服务，增强农民工的获得感、幸福感和安全感，激发农民工投身经济社会建设的热情，保障经济繁荣和社会进步。

改革开放以来，四川省农民工服务和保障工作因应农民工需求变化，不断扩展服务领域、提高服务水平，由最初的就业和工资保障，扩展到培训、子女教育、医疗、社保等多个领域，近年来更是明显加大了公共服务均等化和城市融入方面的工作力度，以更好回应农民工的新需求。在国内外环境已经发生深刻变化的形势下，当前农民工服务和保障工作是否适应农民工的新需求，四川农民工出现什么新情况，遇到什么新问题，有什么新想法，需要什么新支持，都需要深入调研、系统研究、科学分析，这样才能为农民工提供更好的服务和保障，推动全省劳务经济增长由数量型向质量型转变，从劳务输出大省向劳务经济强省转变。

二 四川农民工发展的主要贡献

作为改革开放的实践者，农民工在各行各业为国家建设和发展做出了不可磨灭的积极贡献，是中国能够在短短几十年间建成产能巨大的工业体系、功能健全的城镇体系和建设日新月异的乡村不可忽视的重要力量。

（一）农民工是中国工业化和城镇化的重要组成部分

改革开放40多年来，中国从一个初步建立工业体系的国家快速成长为世界制造业强国，农民工是推动这一伟大转变的重要力量，全国农民工数量最多的四川功不可没。四川全省农村劳动力转移输出从1978年的118.79万人增长到2018年的2534万人，转移输出总量占全国的9%，在1108万名省外转移农民工中，有612.7万人集中在中国工业化程度最高的珠三角、长三角地区。四川省农民工中，从事第二产业的有1345.4万人，占53.1%，每年为第二产业贡献超过3000万个小时的工作量。[①] 更重要的是，与劳动力成本较低的越南、泰国、菲律宾等东南亚新兴制造业国家相比，农民工因受

---

① 《2014年农民工监测调查报告》是能够找到的记录农民工工作时长的最近统计数据，本报告根据"外出农民工年从业时间平均为10个月，月从业时间平均为25.3天，日从业时间平均为8.8个小时"估算。

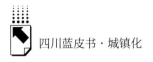

教育水平和技能质量较高，单位劳动力创利能力具有显著优势。无论是从常年保持的较长有效工作时间的角度观察，还是从大幅、快速提升的劳动生产率的视角分析，四川省农民工为中国长期保持工业比较优势、从制造大国向制造强国的转型升级做出了重大的历史贡献。

农民工是中国大规模高质量城镇化的建设者和参与者。改革开放40多年来，中国连续40多年保持了城镇化率平均每年增加超过1个百分点、1600余万新增城镇人口的世界奇迹，并且成功避免了拉美地区和其他发展中国家超前城镇化的困境，没有出现大规模城市贫民窟，这是占城市居民约1/3的农民工为高质量城镇化所做出的突出贡献。一方面，通过代际接力，农民工为城市建设和服务产业提供源源不断的劳动力资源。另一方面，在城市就业市场"挤出效应"和农村家庭承包经营制度"保障效应"的双重作用下，农民工实现了进城务工的"进退有据"，在为城市发展付出青春和贡献后，又可回到农村继续为家乡发展做贡献。更重要的是，相当一部分农民工在退出城市劳动力市场后，选择在输出地县城或小城镇居住，是推进县域城镇化的重要力量。

（二）农民工是中国社会二元分割到包容发展的关键力量

改革开放以来，在城乡间最先行动、最具活力且长期保持高度流动性的是农民工，他们是冲破城乡二元分割的劳动就业制度的主要推动力量。在经历了"排斥—接纳—融入"等阶段后，城市逐渐走上了包容性发展道路，不仅在维护农民工合法权益、完善就业保障等领域有了根本性转变，城乡二元的分配、户籍、医疗、社保、教育、住房等制度分割也逐步被打破，特别是在城市共建共享、提升城市发展品质等方面取得了突破性进展。

近年来，四川省在农民工劳动合同签订、参加工伤和医疗保险、享受保障性住房和义务教育阶段随迁儿童入学等各方面均出台了相关政策，服务广大农民工及家属。与此同时，2018年，全省落实了75.6万名农村留守儿童监护责任人，累计建成农村养老服务中心1146个，照顾留守老人3万余人，开展"两癌"免费检查589万人，累计救助8000余人，有5164名随迁子女考生报名参加了高考，工农互促、城乡互补、全面融合、共同繁荣的新型工农城乡关系正在加快建立。

值得一提的是，主要农民工输入地城市在推进包容性城市建设上走在前列，例如广东省全面实施流动人口服务管理"一证通"制度、全面放开技术工人等群体的落户限制、打通农民工考务公务员和事业单位职员渠道，产生了农民工人大代表和劳动模范，不仅消除了农民工从职业转变到身份转变的制度障碍，打通了外来人口与本地居民共同的生产生活空间，还打破了社会认知层面上的固有偏见，提升了农民工的社会地位，促进了城市文明和谐可持续发展。

（三）农民工是四川农村经济社会发展的坚强保障

在经历了改革开放之初的自发流动性外出到当前超过 95% 的农民工有序化输出，农民工成为四川省农业增长、农民增收和农村发展的坚强保障，推动了农村社会加速由封闭走向开放。

一是从根本上解决了农村劳动力就业问题，破解了人口压力下农业过密化问题，使农业规模经营、提质增效成为可能。四川省农业和非农业的就业结构由 1978 年的 81.8∶18.2，优化为 2017 年的 36.8∶63.2；农林牧渔业劳动力人数在 1991 年达到 3177.3 万人的峰值后，到 2017 年降为 1775.8 万人。农业劳动力减少助推土地规模经营，2017 年全省耕地流转率达 36.7%，单个主体经营 30 亩及以上面积超过 1327 万亩。

二是工资性收入成为农民增收的主要渠道。改革开放以来，全省农民人均劳务收入从 1997 年的 340.17 元增加到 2017 年的 6910.34 元，增长了 19 倍；农民人均工资性收入从 1997 年的 365.41 元增加到 2017 年 4016 元，2018 年人均工资性收入占农村居民人均可支配收入的比重达到 40%。

三是劳务收入是农村建设的重要资金来源。2017 年全省实现劳务收入 4144.2 亿元，是 1997 年的 17.5 倍，是农村新建房屋、基础设施建设中农民投入的主要来源，农民的生产生活消费绝大部分来源于务工收入。

四是返乡投资的川商和创业的农民工在乡村产业发展和经济建设中发挥

了难以替代的作用。截至 2018 年，全省累计农民工等返乡创业人员 65 万人，创办企业 16 万家，带动就业 200 余万人，实现总产值近 4000 亿元。其中，返乡创业农民工在乡村从事种植养殖业的有近 2/3，成为乡村振兴的重要增长极。

（四）农民工是提升四川农民素质、推动乡村有效治理的有力抓手

经过 40 多年的"走出去"，四川省农民工实现了从体力型输出到技能型输出、从人力资源向人力资本的转变。从改革开放之初的零星外出，到今天占四川农村户籍人口的 43%，农民工成为全省农民素质实现快速提升的重要途径。

一是农民工自身素质的大幅提升。农民工在外出务工实践中，接受了现代工业和城市文明的熏陶和洗礼，学到了先进管理经验，掌握了新的知识技能，提高了自身综合素质，提升了劳动力资源价值。大量农民工接受了技能培训，部分农民工还获得了各种职业技能等级证书。

二是农民工在不断返回家乡的过程中，带回了外界先进的理念、信息和知识，改变了更多家乡人的思想观念和行为方式。更值得关注的是，工资性收入是支撑农民工子女接受高等教育最主要的经济来源，是改革开放以来农村受教育水平实现跨越式发展的重要保障。

三是农民工是推动乡村治理从传统走向现代的重要力量。近年来，将有条件的农民工明确为培养对象并从中选拔为村"两委"成员，成为全省乡村振兴发展以及脱贫攻坚工作的重要抓手，部分实践已经取得了明显成效。

（五）农民工是四川农村减贫脱贫的重要推动力量

从自发流动性外出到组织有序化输出，从相对剩余转变为充分就业，过去几十年来，四川农村通过农民工转移就业，将数百亿元第二、第三产业收入带回家乡，使大量农村贫困家庭摆脱贫困、迈向小康。近年来，在国家脱贫攻坚部署下，"一人就业，全家脱贫"，农民工成为新时期精准扶贫的重

要抓手，四川省确保实现"每个有劳动力的贫困家庭至少有一人就业"的目标。截至 2019 年 7 月底，贫困家庭转移输出农民工达到 99.1 万人，同时，建成就业扶贫基地 548 个、扶贫车间 587 个，3.5 万户贫困家庭劳动力实现了家门口就业。

三 四川农民工工作的主要做法和经验

改革开放以来，面对农村转移输出劳动力规模大、分布区域广、受教育水平偏低、经济基础薄弱和抗风险能力不足等多重现实困境，四川从实际出发，立足比较优势和资源禀赋，重点从劳务开发工作机制和政策创新入手，创出了一条发展性劳务开发的新路，取得了十分显著的发展成效，为西部地区乃至全国范围的劳务开发工作提供了成功经验。

（一）始终坚持将农民工工作作为大事来抓，强化组织保障

长期以来，四川省委、省政府准确把握省情，高度重视劳务开发和农民工工作，始终坚持把劳务开发和农民工工作提升到事关全局、事关社会发展的战略高度，坚持把发展劳务开发作为农民持续增收的战略举措、农民转移就业的战略途径、农村经济发展的战略产业，并将其纳入重要议事日程，与经济社会发展同部署、同推进、同考评。1992 年以来，全省上下都建立健全了劳务开发和农民工工作的领导体系，建立健全了分级目标管理体系，建立健全了省级领导小组成员单位联席制度，实行双向考核，做到任务层层分解、责任层层落实。同时，在全国率先建立了劳务开发工作的专门机构，负责统筹协调、政策调研、督促检查。在历次机构改革中，都始终保留和加强了劳务开发工作机构。2006~2018 年，根据国务院《关于解决农民工问题的若干意见》文件精神和《四川省人民政府办公厅关于印发四川省保障农民工工资支付工作考核办法的通知》（川办发〔2018〕19 号），进一步拓展丰富了劳务开发工作内涵，将农民工工作纳入与劳务开发齐抓共管的总体格局当中。2019 年以来，省委常委会会议专题研究了加强农民工服务保障和

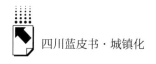

支持农民工返乡创业的举措，形成了16条和22条具体措施，建成线上线下农民工服务平台，推动农民工工作从劳务开发向综合服务的战略性转变。

（二）始终坚持立足时代发展需求，优化创新工作方式

解放思想、实事求是、与时俱进、求真务实是改革开放40多年中国从站上新起点到进入新时代的宝贵经验，也是四川省农民工工作不断开拓新局面的成功经验。四川省委、省政府坚持将农村劳动力置于劳务开发的主体地位，在不断优化创新工作方式、满足市场需求的同时，既避免了行政化推进劳务开发工作的"过度参与"甚至"代办""包办"等问题，提高了资源要素配置效率，更激发了农村劳动力主动寻求发展机会的内生动力。

20世纪80年代到90年代，面对日渐凸显的农村就业压力和简单粗放的输出方式，各级政府发挥了公共管理职能，搭建平台、开拓市场、协调服务、积极作为，引导全省农村劳动力转移输出快速、健康发展，农民工外出务工由自发的、单一的自主流动向政府扶持引导的有序化、产业化转变。进入21世纪，全省按照以"龙头企业带动+基地培训选送"的产业化模式，建立了完善的专业化、系列化、规范化服务体系，走出了一条以政府为引导、以市场为主导、以基地为依托、以企业为主体的劳务产业化之路，形成了政府搭平台、跨区域劳务协作和订单式、定向式、集团化、有序化的劳务输出格局。

近年来，全省劳务开发工作准确把握时代需求，从以就业和增收为主转向就业增收和综合服务保障工作并重，不断优化农民工工作方式。一是不断寻求劳务合作新路径，努力开拓劳务市场。积极开展跨区域省际劳务协作，举办省际劳务洽谈会；大力开拓境外劳务市场，先后与韩国、日本、菲律宾及中国台、港、澳等30余个国家和地区建立了外派劳务合作伙伴。二是不断创新培训机制，提升人力资源价值。按照市场引导培训、培训促进就业的思路，通过订单培训、定向培训、委托培训、品牌培训、积分制培训、网络培训、自学考试、技能大赛等形式，创新培训方式，满足了市场和培训对象的不同需求，提高了农民工市场竞争能力和就业稳定率。整合培训资源，建

立了以省、市、县三级培训基地为主体的农民工培训体系，形成了多元化、多形式、多渠道、多层次的劳务培训格局。整合培训资金，全省形成了以政府投入为引导、以个人投入为主体、以企业投入为辅助、以社会投入为补充的多元化投入机制。加强劳务品牌打造，形成了技能化培训、商品化包装、市场化营销、公司化运作、组织化输出、员工式管理、规范化保障的品牌培育机制。三是精准对接脱贫攻坚，积极开展劳务扶贫。建立全省贫困劳动力实名制数据库，并对信息数据按季动态更新。用活用好国家东西部扶贫协作政策，因地制宜地制定并组织贫困地区劳务开发具体实施方案。制定出台就业扶贫九条政策措施、"十三五"就业扶贫实施方案和年度就业扶贫专项计划等政策文件，从就业奖补、公益性岗位开发、举办专场招聘会、组织免费技能培训、就业扶贫基地建设等方面强化政策支撑。实施了深度贫困县贫困劳动力培训全覆盖计划，遴选了45所内地培训机构"一帮一"支持45个深贫县开展技能培训。2017年，实现贫困劳动力转移就业85.2万人，公益性岗位托底安置贫困劳动力8.3万人，培训贫困劳动力18.4万人。

（三）始终坚持强化制度建设，切实维护农民工合法权益

四川省始终把维护农民工的合法权益作为劳务开发和农民工工作的重中之重常抓不懈，从制度上、体制上、机制上切实解决好农民工问题。一是进入21世纪以来，针对农民工劳动合同签订率低、子女教育难、社会保障机制不健全等问题，建立完善了城乡统筹就业制度、政府主导与市场机制相结合的培训制度、农民工劳动权益保护制度、农民工社会保障制度、城乡统一的公共服务制度、农民工户籍管理制度、农民工承包土地经营制度、农民工社会管理制度等八项制度，构建了解决农民工问题的长效机制。二是建立跨省维权机制，充分发挥各级政府驻外办、农民工工作站和商会组织的作用，协调解决农民工伤残伤亡案件和重大劳动纠纷案件300余件。与广西、海南等省（区、市）建立跨省维权快速通道，与北京、上海、广州、佛山等城市建立了工会维权联盟，初步形成了"信息接收、情况报告、派出工作组、现场处置、维权救助"的一体化维权联动机制。三是全面落实农民工欠薪

治理体系，将保障农民工工资支付纳入省政府对市（州）政府的绩效考核，及时召开全省春节前保障农民工工资支付工作电视电话会，切实保障农民工工资报酬权益，全省欠薪农民工比重下降到0.55%，欠薪势头得到有效遏制。四是着力维护农民工社会保险权益，鼓励灵活就业的农民工自愿选择参加待遇水平更高的企业职工养老保险，不仅明确了灵活就业人员可以自愿选择参加城镇职工、居民基本医疗保险，而且打破了不同制度之间的医保关系转接障碍，实现了省内跨地区跨制度顺畅转移和接续，降低了农民工个人参加职工医保的门槛。全面落实统一农民工与城镇职工失业保险参保缴费和待遇享受办法的有关政策，大幅提高农民工失业保险待遇。全面落实建筑业工伤保险政策，大力实施建筑业参保扩面"同舟计划"，健全按项目参保和优先办理工伤保险的工作机制，不断扩大农民工工伤保险覆盖面。五是强化组织建设，积极引导农民工加入工会，目前全省农民工入会人数达到1104万人。六是开辟农民工劳动争议快速调解、简易仲裁和先行执行等"绿色通道"，全年全省各级劳动人事争议仲裁机构受理农民工案件结案率达99%。

（四）始终坚持尊重农民工首创精神，将其视为发展引擎

尊重农民工在劳务开发工作中的首创精神，充分发挥其在自身和全局发展中的重要作用，是农民工工作保持旺盛活力的力量源泉。一是在强化培训过程中高度重视向农民工问计。四川省始终把提高农民工素质作为发展劳务经济的基础性、战略性工程来抓，根据农民工最需要、最擅长的领域开展培训，积极提升劳务质量，集中打造"川妹子""川厨师"等七大劳务品牌。二是发现并引导农民工返乡创业和参与乡村治理，使之成为乡村人才振兴的关键力量。农民工返乡创业工作上，建立返乡创业工作联席会议制度，建立部门协同机制，形成上下联动齐抓共管的工作格局，同时，加大政策支持力度，夯实创业产业园建设，突出创业服务保障。农村基层人才队伍建设上，围绕农业农村急需紧缺人才，突出民族贫困、艰苦边远地区，创新机制、综合施策，出台了农民工定向回引培养工作实施方案、做好艰苦边远地区基层

公务员考录工作、加强基层专技人才队伍建设、激励教育卫生人才服务基层、实施深度贫困县人才振兴工程、深化职称制度改革等指导性文件，落实了艰苦边远、乡镇工作、高海拔折算工龄等津贴补助，改善基层工作待遇，促进各类人才流向农村、服务基层。

（五）始终坚持优化完善农民工服务体系，促进社会融合

长期以来，各级领导高度重视建设和完善农民工服务体系，形成了以农民工满意为标准、政策集成融合发展、多方资源优势聚集的农民工服务体系。一是将服务对象的满意度作为衡量服务工作的标准。省委、省政府出台的一系列政策措施，将百姓观点、百姓需求摆在更加突出的位置。全省近期开展的"专车专列、证照办理、走访慰问、权益维护"农民工服务保障四大专项行动，聚焦农民工在春节期间最急迫、最需要解决的困难，得到了老百姓特别是返乡农民工的一致好评。二是加强政策集成，推动多领域政策相互融合、相互支撑。四川继2015年出台《关于进一步做好为农民工服务工作的实施意见》，2018年出台了《加强农民工服务保障十六条措施》，明确了16个方面40条政策措施，还同步出台了《关于印发促进返乡下乡创业二十二条措施的通知》，各市州及相关职能部门均根据自身实际出台了相应的落实政策文件，为农民工服务保障工作的顺利开展提供了强有力的政策引领。三是聚力多方资源，充分发挥社会主体的主观能动性和比较优势。各驻外商会、农民工企业家和各类公益性组织在省外农民工慰问、返乡返岗交通运输、节后农民工就业创业、农民工权益维护等方面做了大量卓有成效的工作，他们不但在省外为川籍农民工提供各类保险办理、子女入学、免费咨询等便捷服务，有些更是直接参与了川籍农民工"清欠保支""工伤残亡"等复杂的维权事件。例如，在春运期间，各大交通要点、车站码头、集散地，随处可见大量志愿服务者为农民工提供茶水药品、交通资讯、车辆检修、道路救援等便捷服务，营造了全社会关心关爱农民工的氛围。

B.5
新时期四川省农民工的现状、
问题及对策[*]

"新时代四川农民工若干问题研究"课题组[**]

摘　要： 近年来四川省农民工规模呈高位稳定状态，新兴行业就业规模
扩大，综合素质持续提升，劳务增收脱贫成效突出，综合维权
意识增强，代际分化日益显现，城市社会多元融入增强，返乡
农民工明显增加。同时，仍存在对农民工发展的新变化认识不
到位，农民工工作体制机制建设有待进一步加强，返乡政策不
易落实和营商环境不优，服务供给和管理效能滞后于需求等问
题。今后，应着力构建引领农民工全面发展的政策体系，搭建多
元化梯次型农民工人才保障平台，打造返乡创业和转移就业互促
共融发展格局，营造良好的农民工服务保障和社会发展环境。

关键词： 农民工　互促共融　返乡创业就业　四川

　　四川是农民工大省，农民工曾为四川经济社会发展做出重要贡献，也是
今天推动四川高质量发展的重要力量。在四川发展转型升级的关键时期，关
心好、引导好2500万名农民工投身治蜀兴川大业具有尤为重要的意义。

---

　　*　本文数据均来自四川省人力资源和社会保障厅历年统计调查数据。

　**　课题组主要成员：李一曼、张克俊、张鸣鸣、里昕、曾旭晖、杨伟、岳新胜、赵文华、晏珠
　　　等。执笔人：里昕。里昕，四川省社会科学院管理学所助理研究员，主要研究方向为公共管
　　　理、战略管理。

一 四川农民工发展现状

在新形势下,农民工流动转移和发展选择呈现新变化、新特征,主要表现在省内省外转移就业稳定、综合素质持续提升、灵活就业依法维权增多、城市社会多元融入增强、乡村人才振兴态势显现等多个层面。

(一)省外省内转移就业稳定,新兴行业就业规模扩大

2018 年,四川省转移输出农村劳动力 2534 万人,同比增长 1.2%(见图1),总体呈高位稳定态势。其中,省内转移 1509 万人,省外输出 1025 万人,省内、省外转移数量差距由 2012 年的 174 万人拉大到 2018 年的 484 万人(见图2)。农民工在省内不同区域间的发展水平有明显差异,经济社会发展水平最高的成都及其周边地区已成为农民工净流入地区,省内其他市州到成都务工人员达 293.6 万人。在成都带动下,周边地区也呈现农民工快速流入状态,如位于天府新区周边的仁寿县,2010 年县内外务工人员人数比为 4∶6,到 2018 年留在县内务工的农村劳动力占比接近 60%。但是在四川省其余大部分地区,特别是盆周及浅丘地区的农民工仍处于净输出状况,部分经济欠发达地区、民族地区的农民工外出方兴未艾。调研发现,农民工在本地、省内与广东等沿海发达地区基本工资差距约为 1000 元,是影响农民工就业空间选择的决定性因素。

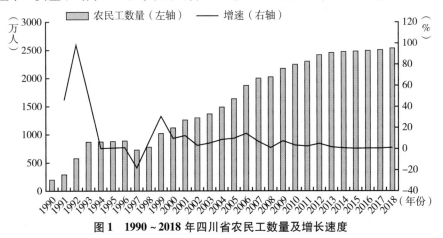

图 1 1990~2018 年四川省农民工数量及增长速度

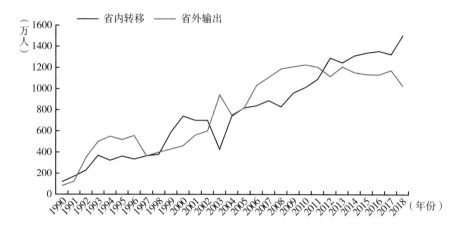

图2　1990~2018年四川省内转移与省外输出农民工数量

随着新业态不断涌现，专车司机、外卖骑手、快递员等新兴职业吸引了越来越多农民工加入。2018年针对四川省农民工的抽样调查显示，约2.5%的农民工从事快递行业。2019年初洪雅县、彭山区的调查显示，约0.9%的农民工进入了信息传输、计算机服务和软件业，约0.2%的农民工进入了金融业，约0.2%的农民工进入了文化、体育和娱乐业。可以预见，随着新兴产业不断发展壮大，将有更多的农民工进入新兴行业。

（二）综合素质持续提升，劳务输出脱贫成效突出

农民工受教育水平大幅提高，全省初中及以上文化程度的农民工比重由2008年的58.0%提升到2018年的84.6%。农民工技能水平不断提高，2019年初，对仁寿县、洪雅县的调查显示，分别有27.0%和26.0%的农民工接受了职业培训，高技能农民工人数持续上升。农民工对培训质量有了更高要求，培训需求更加多元化。2018年，6.8万名农民工参加了省级农民工劳务品牌培训。在成都务工的农民工可以通过网络参加18个专业602门课程的学习，培训内容得到极大扩展、培训方式更加便捷。不同农民工群体对培训也有了个性化需求，返乡创业农民工对创业培训的需求不断增长，2016年

以来有数百位返乡创业农民工参加了四川省返乡创业提升培训，各地区的返乡农民工培训全面铺开。民族地区农民工更加注重将培训与民族特色相结合，阿坝州农民工参加了唐卡绘画、藏式版画、藏羌剪纸、九寨妹子、黑水保安、阿坝美食等具有地方特色的技能培训，四川省藏区农民工还开展了"中式烹调＋乡村旅游＋客房服务＋餐厅服务"等一训多学、一学多技、多技增收的叠加式培训，农民工综合素质得到明显提升。

农民工综合素质持续提升是四川省劳务收入多年来持续、全面增长的重要保障。2018 年四川省实现劳务收入 4466.9 亿元，比 2017 年增加了322.7 亿元，增幅为 8.4%（见图 3）。2019 年前三季度，四川省农村居民人均工资性收入为 4152 元，占农村居民人均可支配收入的 38%，成为农民收入最主要的来源。更重要的是，贫困地区农民素质和理念的双提升，使部分不能出、不愿出农村的劳动力实现了非农就业，增加劳务收入的同时实现了稳定脱贫。2018 年四川省贫困劳动力转移就业规模达 95.2 万人，阿坝州、凉山州输出建档立卡贫困劳动力分别达 1.0 万人和 6.1 万人，实现劳务收入分别为 1.3 亿元和 9.3 亿元，数万个家庭实现了"一人就业，全家脱贫"。

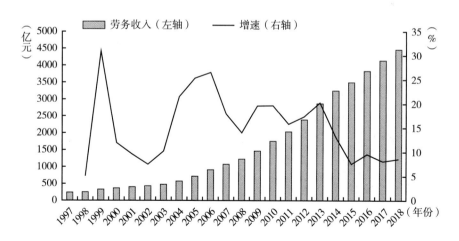

图 3　1997~2018 年四川省农民工劳务收入及增长速度

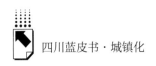

（三）综合维权显著增加，灵活就业依法维权增多

农民工权益维护意识明显增强，2016～2018年，四川省共受理涉及农民工的民事法律援助案件6.3万件，其中2018年为1.7万件，近三年案件胜诉率在80%以上，2018年达到了91.49%。设立在广东省中山市泸州商会的农民工维权法律中心，每年收到上千起川籍农民工维权咨询。民族地区农民工依法维权意识明显增强，越来越多的农民工知道自身权益受到损害时，可以找政府相关部门求助。与此同时，农民工综合维权需求明显增多。除了对欠薪、工伤两大重要权益维护之外，四川省农民工在随迁子女教育、社保、医疗，甚至自我尊严等方面都有了更高的要求，维护自身权益的领域逐渐拓宽。

灵活就业农民工维权出现新趋势。当前发展阶段，四川省仍有大量农民工在环卫、快递、家政、小作坊等行业就业，工作流动性大，缺乏组织保障，权益维护需求十分迫切，与过去倾向于采取聚众拉横幅、封门堵路等方式相比，越来越多农民工倾向于通过"12333"热线、法律援助等正规渠道维权。

（四）代际分化日益凸显，城市社会多元融入增强

改革开放初期就开始外出闯荡的第一代农民逐步退出劳动力市场，1980年以后出生的新生代农民工成为主力军，其中，1990年及以后出生的新生代农民工约占新生代农民工总量的一半。2018年四川省农民工年龄结构见图4。与前两代农民工不同，新生代农民工具有学历较高、物质条件较好、与农村联系更为松散、更渴望融入城市、更加倾向于自我价值实现的"发展型"特征。

进城务工农民工在享受城市社会保障、共享城市公共服务、实现个人价值、丰富多元文化、强化心理建设等方面呈现良好态势。在省内主要的农民工输入地，农民工可享受与本地劳动者同等的岗位推荐、就业培训、失业登记服务，还可享受就业专项补贴、重特大疾病医疗救助。符合条件的农民工子女可在城市建立预防接种档案，农民工孕产妇可以建立统一的保健管理档案。农民工随迁子女接受教育的障碍进一步扫清，2017年有36.8万名农民

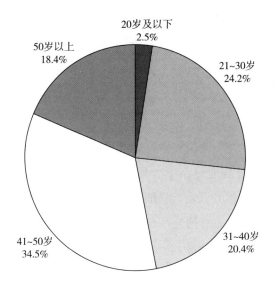

图4　2018年四川省农民工年龄结构

工随迁子女在成都接受义务教育，占成都市义务阶段学生的28.3%；省外农民工随迁子女在异地接受义务教育水平也有所提高，符合条件的农民工随迁子女可以在浙江、广东等地公办学校读书。越来越多的农民工享受城市住房保障，如眉山市农民工可以通过住房公积金购房，实现了委托缴存和异地缴存。农民工政治参与水平提升，目前四川省有2名农民工全国人大代表、3名四川省人大代表，他们在人民代表大会上提出了农民工教育、社保及培训等相关建议。农民工文化创新发展水平明显提升，四川省第三届农民工原创文艺作品大赛共收到参赛作品1.1万件，阿坝州500名农民工参加了阿坝州第一届农民工原创文艺作品大赛。广东等地以"新广东人"称呼和对待外来农民工，以社会化、市场化导向推进公共服务，从教育、培训、住房、社保、社区服务等方面促进农民工融入当地社会，提高农民工的心理认同度。

（五）返乡发展持续向好，乡村人才振兴态势显现

农民工返乡创业已成为推动四川省农业供给侧改革、调整农村产业结

构、增加农民收入和推动扶贫解困的新引擎。截至 2018 年底，全省创办农民工返乡创业园区 376 个，入驻企业 8518 个，实现产值 542.82 亿元。各市州掀起了农民工返乡创业的热潮，如劳务输出大县仁寿县成为全国返乡创业试点县，目前吸引返乡就业创业人员 13.8 万人，其中自主创业 3.12 万人、农业企业家 800 余人，拉动就业 10 万余人。

返乡农民工在乡村产业振兴中发挥重要作用。如四川省青神县返乡农民工通过电子商务销售当地原浆纸、竹制品等特色产品，仅 2018 年"双十一"当天交易额就超过 1 亿元，目前青神县已孵化了 500 多个电子商铺，推动了新业态发展。值得注意的是，已有部分返乡农民工成为推动村社基层治理的优秀后备人才和新兴力量。

二　新时代四川农民工发展面临的问题

长期以来，四川省高度重视劳务开发和农民工保障工作，一系列支持政策使四川省农民工工作在转移就业、增收增效、能力提升、城市融入等方面取得了重要进展，积累了大量宝贵的工作经验，为新时代农民工服务保障工作奠定了良好基础。值得关注的是，2019 年以来省委、省政府在帮助农民工就业创业、改变农民工群体缺乏真挚关爱现状、破解急难愁盼的服务保障问题、解决农民工后顾之忧等方面，发挥了积极的作用。同时，要清醒认识到，在新的历史时期，四川省农民工发展过程中也面临若干新的问题和挑战，需要引起各方面高度重视。

（一）新时代对农民工发展的新变化认识不到位

新时代农民工不仅是产业工人的重要组成部分，更是新型城镇化和乡村振兴的关键支撑力量，做好农民工工作不仅是经济增长和产业发展的现实需要，更是体现全新政治站位、保持社会稳定向上的重要抓手。但部分地方政府和职能部门对农民工工作的全局性和战略性还缺乏清晰的认识，对农民工的固有观念使地方政府和职能部门更倾向于沿袭已有工作方式、完成现有工作内容，由此产生了两个层面的滞后性。一方面，政策落实力度和成效滞后于政策目标。省委、省政府制定农民工服务保障16条措施和农民工返乡创业22条措施，尽管各地和各职能部门在此基础上研究制定了相应的工作方案，但落实效果与预期仍存在较大差距，缺乏人、财、物保障是普遍存在的问题，究其本质，则是各级地方政府对这项工作不够重视。另一方面，工作的主动性和创造性滞后于农民工发展实践。农民工融入城市能力和意愿大幅提升，同时，部分返乡农民工在乡村产业发展和社会治理中已经发挥了十分积极的作用，但体制上、机制上，甚至法律上还存在一些障碍亟待突破。此外，在输入地，农民工的城镇化、农业转移人口市民化的措施落实不够，鼓励农民工参与当地政治和社会生活的办法不多，城市社区基层党组织把农民工作为开展工作对象还比较少；在输出地，对农民工返乡逐渐成为趋势的关注和思想准备不到位，在培养并吸纳有意愿、有能力、有条件的农民工为乡村振兴的人才队伍上的激励措施不够，组织保障不健全。

与此同时，社会各界对农民工融入城市社会还存在认知偏差。近年来，对农民工在城市就业的表面的、面对面的歧视现象显著减少，但对于深层次的社会接纳和社会融合，城市居民和相关群体还缺乏深刻的认知和足够的重视，没有把外来常住人口当成新市民，特别是在农民工市民化过程中，当地社区缺乏主动性和创新性满足农民工社会融入的新需求。各类社区社会组织和群团组织，仍然是以本地居民为服务对象，没有顾及居住在社区的农民工的现实需求，导致农民工的社会参与不足，缺乏社区认同感，社会隔离现象仍较突出。

（二）农民工工作体制机制建设有待进一步完善

在推动高质量发展的新形势下，农民工工作的全局性和重要性凸显，但是现有的农民工工作体制机制还不能满足现实需求。

一是缺乏立足全新站位的农民工制度体系。对农民工制度体系的顶层设计滞后于新变化的需求，相关政策法规的有机衔接不足。针对农民工工作中出现的问题往往通过政策来推动，利用法律法规不足，造成预期效果不佳；对于已经出台的农民工政策措施，还缺乏一套有效的保障机制。参与农民工

工作的各部门协调机制还不够畅通。虽然各级政府成立了相应的农民工工作领导小组，但是牵头部门统筹协调能力不足，各部门权责不够清晰，工作中存在交叉重叠甚至冲突的现象。

二是农民工信息平台建设有待进一步优化。近年来，四川省陆续建立了农民工基础信息、返乡创业农民工信息等数据库，但现有数据采集主要依赖传统手段，通过村社收集数据、地方职能部门填报上传的方式开展，存在数据收集成本高、难以及时进行动态更新、数据信息真实性缺乏保证等问题。同时，缺乏数据信息的公布渠道和管理使用规则，导致花了较高成本收集起来的数据时效性不强、利用率不高。

三是农民工培训的供需对接存在一定的错位。四川省在农民工培训上力度大、工作细，但是存在一些客观原因导致培训效果没有达到预期。首先是培训对象存在错位现象。由于培训任务分配到县，各县相关部门落实培训的时间与农民工外出务工时间冲突，从而出现培训找不到人、找错人的情况。其次是培训内容存在错位现象。外出农民工对技能提升的需要往往与企业的岗位要求直接相关，输出地培训部门难以实时掌握这些信息，也难以找到合适的培训机构来提供相应的技能培训。培训过程存在走形式问题，"我要培训"变成了"要我培训"，有的培训机构把培训人次登记完，就算完成了任务。

四是农民工工作的输入输出地联系机制有待健全。四川省有上千万名农民工在省外务工，务工地点相对集中于广东省，但总体上较为分散，输出地相关部门为农民工提供全覆盖的跨省服务的难度较大。目前主要依托省驻外办事处、省工会等部门，以及劳务输出县自己派驻的机构、四川各地商会组织等。各类机构组织功能不一、职责不清，缺乏一个与输入地相关部门进行有效对接的工作平台和一套常态化、制度化的对接机制。比如由于工会实行属地化管理，输出地的工会组织难以直接介入务工地的农民工工作，仅限于慰问关怀，而有的地方商会又承担了不少综合维权的功能。

（三）返乡面临政策不实和环境不优的双重难题

返乡创业就业是农民工流动的新趋势。在省委、省政府的指导下，各地均出台了支持返乡农民工创业的激励措施和优惠政策，但是不少政策存在落地难的问题。一是相关创业政策没有落到实处，如土地问题、税收减免、信贷、奖补政策等。主要原因是部分政策措施之间衔接不足，行业主管部门之间的协调难度较大，政策难以落地。二是培育农民工成为乡村治理人才的保障不足。尽管已出台一些鼓励基层选用返乡农民工的政策措施，但是具体的选拔程序、任用标准和组织待遇等可操作的政策安排尚不完善，没有形成制度化的人才培养机制。

四川省农民工经过几十年的外出打拼，涌现出一批工商经营中的成功人士，是川商的重要组成部分，也是返乡创业的重点对象，但是与东部发达地区相比，四川省很多地方的营商环境仍然存在较大差距。有川商反映，很多地方招商引资是一个单独的机构，引回来后就不管了，当地没有一个跟踪服务的协调机制，出现遇事诉求无门的问题。

（四）服务供给和管理效能滞后于日益增长需求

农民工群体作为我国新时期的产业工人队伍，是公共服务与社会管理的重要对象，但是目前的服务与管理难以满足其日益增长的现实需求。

一是城市公共服务供给滞后。调研发现，农民工反映的问题主要集中在子女教育上。由于城乡义务教育客观上存在差距，农民工普遍希望子女能够在输入地获得均等的受教育机会。但是城市优质教育资源本身处于稀缺状态，即使是符合条件（主要是按规定缴纳社保）的农民工子女，获得的入学的机会可能是次优选择，部分地区还要支付不同名目的费用。

二是农民工权益保障机制不能适应综合维权需求。农民工的权益诉求已经不再是简单的欠薪问题，而是呈现多元化的新趋势，包括享受"五险一金"社会保障、均等化的子女受教育机会、社保接续和异地就医报销等政策支持，以及城市社会融入中的组织建设等。现有的农民工权益保障体系对多元化的诉求缺乏应对和响应机制，以致农民工碰到问题后往往得不到政策支持。

三是对特定群体的服务与管理有待跟进。农民工群体的多样性对服务与

管理提出了更高的要求。调研发现，有三类特定群体需要后续政策的跟进。首先，针对"三留守"人员的相关支持政策与现实需求存在一定差距，对留守家庭在生活和精神层面的关注不够。其次，对民族地区以劳务扶贫方式输出的劳务人员的关注不够。特别是彝族和藏族劳务输出人员，普遍存在文化、语言、生活方式上的不适应，尽管输出地政府想了很多办法，但是效果不佳。第三，对新业态从业人员，如专车司机、外卖骑手、快递员等灵活就业人员的服务与管理还没有跟上，这类务工人员享受社保补贴等就业政策还存在一定制约。

三　新时代农民工高质量发展的对策建议

新时代农民工工作关系四川省经济转型升级能否成功，关系四川省能否实现高质量发展，关系四川省乡村振兴大事，必须深化对新时代农民工工作全局性、重要性的认识，把加强农民工工作作为党委和政府工作的大事、重事抓紧抓好。

（一）立足全新站位，构建引领新时代农民工全面发展政策体系

1. 加快制定农民工全面发展专项战略规划

要深刻认识新时代农民工工作的重大意义，充分理解做好农民工工作，符合城镇化和工业化过程中乡村人口持续减少不可逆的客观规律，符合农民工正在从人力资源向人力资本转化、创造新人口红利的时代要求，既是经济任务、社会任务，更是政治任务。应制定包括劳务开发、城市融入、农村改革、法律保障和政策支持等在内的综合性、系统性、战略性规划，以此作为科学引领。

2. 构建以农民工发展为导向的体制机制

建立健全农民工工作协调机制。新时期农民工工作不再是简单的就业和维权问题，工作涉及的方方面面已经超出了人社部门的职责范围。建议扩大农民工工作领导小组的职责，设立省级和市级的农民工综合议事机构，由党

政一把手兼任，综合协调相关部门。在劳务输出大县，设立农民工工作常设机构，明确职责。

健全新时代农民工工作的保障机制。加大对农民工工作的人力、物力、财力投入。各地区尤其是劳务输出大县要配强配足农民工工作部门领导力量，加大财政支持力度，对农民工工作给予充分的经费保障和人员保障。

建立健全农民工工作考核评估机制。应把做好农民工工作纳入政府工作议程。各级党政要统一认识、高度重视，科学设计对农民工工作的考核评估，既要体现牵头部门统筹协调的职责，也要激励部门发挥各自优势，让整个工作形成一盘棋，又能落实相关责任。

3. 进一步加强各部门之间的政策衔接

提升牵头部门的统筹能力，综合运用财政支持和担保、金融信贷、创业孵化和培训等扶持政策，结合各部门自身职能职责，将脱贫攻坚、乡村振兴、新型城镇化、部门项目、公务员招考和村干部培养等政策项目，分类形成政策清单，为农民工提供良好的政策环境。全面分析和评估潜在的或已经发生的政策冲突，依靠顶层设计进行协调，必要时考虑以法律法规的形式从制度上解决问题。

（二）尊重成长规律，搭建多元化梯次型农民工人才保障平台

农民工培训面临最大的困境是供需借位，解决供需矛盾的最佳方式是引入市场机制，建立结果导向、市场运作的培训体系，推进农民工人力资源向人力资本转变。

1. 形成结果导向、需求导向的培训补贴政策

改变层层分解下达培训指标、由政府各部门拿着项目资金找农民工培训的现象。应建立完善培训补贴申报机制，设立培训补贴申报条件、范围和标准，改变补贴方式，农民工在培训市场中接受培训，取得相应技术证书或资格证书后，再按相应政策申报、领取补贴，从而实现精准培训。

2. 培育和规范培训市场和技术认证机构

政府应起到规范市场的裁判员的作用，主抓技能鉴定考核，规范市场。

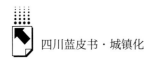
可组织企业、行业协会开发职业标准和鉴定题库,取得社会认同。引入第三方专家评估机制,建立第三方专家库,对培训机构和技术认证机构资质和成效进行常态化评估,并以此为依据调整政府认可的机构名单,为农民工的培训决策提供指导。

3. 创新多元化劳务输出的培训机制

依托东西部劳务扶贫协作,积极探索利用校企合作平台,鼓励企业与职业技术学校对劳务输出人员开展订单定向培训。对省外劳务输出较为集中的地区,与当地企业或培训机构合作,开展岗前培训、异地稳岗培训、在岗培训;与当地社会工作组织合作,重点开展民族地区外出人口的城市适应性培训,提高外出务工的适应能力。同时,对流入地企业管理人员和社区工作人员开展民族文化习俗的培训,增进民族沟通与理解。

(三)面向时代需求,打造返乡创业和转移就业互促共融发展格局

1. 落实并创新两类返乡支持框架

把农民工返乡创业作为促进乡村振兴和城乡融合发展的战略举措抓紧抓好。应按照四川出台的指导性意见,协调各部门,细化和完善各项支持政策,建立政策执行的长效机制,重点从以下两个方面着手。

进一步优化返乡创业的营商环境。要加快建立返乡创业绿色通道,实行跟踪服务;探索建立县、乡主要领导挂钩中小微民营企业机制,采取"一对一"对口支持的方式,为返乡创业者提供创业指导、前期规划、用地程序、环保监管、创业担保、金融信贷等综合信息,并在法制和政策框架下给予返乡创业人才最优厚的营商便利。建立乡村振兴机会清单制度,梳理、发布各地村乡村振兴发展项目、支持政策和人才供需信息,为外出务工人员提供回乡发展入口和机会。

完善对返乡农民工人才的选拔和使用机制。建立常态化、制度化的优秀返乡人才进入乡镇正式编制的"绿色通道"。针对返乡从事村社基层工作的优秀农民工身份边缘、待遇偏低的现实问题,建议加大对乡村治理人才进入基层正式工作编制的支持力度。构建优秀三职干部遴选为乡镇事业干部兼任

村社书记的制度。探索针对乡村治理人才进入乡镇机关公务员的定向招聘、推荐录用的方式方法。

2. 继续坚持省外稳定、省内提升的农民工转移就业方针

当前，我国经济正处于结构转型关键期，经济形势中不确定的因素较多，同时科技进步、"互联网＋"、"机器换人"等都会对农民工就业产生各种影响，做好农民工工作应要坚定不移地坚持省内、省外并举的方针，采取有力措施稳定省外劳务输出，扩大省内就业，保障深度贫困地区的劳务输出就业。

把城镇就业农民工纳入就业服务范围。应把农民工作为新时期的产业工人看待，在满足基本条件的情况下（如常住人口登记），与城镇职工享受同等的失业保障和再就业服务。建立进城务工人员就业失业登记制度，探索灵活就业人员的失业保障机制。

加强和完善深度贫困地区的劳务输出工作。四川省是脱贫攻坚的主战场，劳务输出是深度贫困地区实现脱贫奔小康的重要手段。特别是以彝区和藏区为代表的少数民族地区，由于语言、文化和生活方式上的差别，当地劳动力外出务工面临更多的困难，需要政府提供更多的帮助和支持。应改变政府大包大揽，层层分解下派劳务输出指标的做法，鼓励基层政府通过政策引导，依托劳务输出服务机构或劳务经纪人等市场行为来推动工作。

3. 建立基础扎实、动态更新的数据系统

加强对农民工工作的信息支持和智力支持。在输入地建立农民工信息统计监测机制，进行动态化和常态化的信息收集，准确掌握农民工数量、结构及其分布；开展农民工市民化监测调查工作。深入开展农民工工作理论和政策研究，为党委、政府相关决策提供依据。

抓好就业指导和就业服务的信息化工作。优化和整合各级就业信息平台，建立劳务输出地与劳务输入地的信息交流渠道，对接劳动力的供给与需求。各地可探索建立企业用工调剂机制和市级用工服务信息平台，通过多种渠道，如招聘会、公共招聘网、微信公众号和手机应用等，为农民工提供用工信息服务。

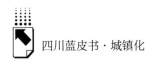

（四）突出以人为本，营造完善的农民工服务保障和社会发展环境

1. 健全基于常住人口的城市基本公共服务体系

基于常住人口规模科学规划布局基本公共服务设施，在供需矛盾较为突出的城区大力加强学校、医院和公共租赁住房的建设，为逐步实现外来人口均等化享受城市基本公共服务提供硬件支撑。切实简化优化农民工义务教育阶段子女的入学程序，逐步取消户籍、社保、工作单位、学校等限制，实现依据常住人口证明即可办理就近入学。进一步推进和完善医保、社保的异地接续和转移。探索灵活就业人员参加社保及享受社会补贴等就业政策的有效路径。

加快建立面向常住人口的社会管理和服务体系。在外来人口较多的城市社区，鼓励吸纳优秀农民工进入基层组织；加强面向农民工的基层党组织建设，并逐步纳入本地基层组织管理体系。鼓励开展面向外来人口的社会服务，如双职工家庭的儿童托管、随迁老人的照顾等，增强外来人口对城市社区的归属感。

2. 强化溯源治理、多元协作以维护农民工合法权益

新形势下，农民工的权益诉求已经从简单的欠薪问题扩展到工作生活的方方面面，呈现综合维权的特征。应突出新时代农民工是产业工人和工人阶级重要组成部分的认识，逐步消除各种不平等待遇，加强农民工权益保障的制度建设，从源头上维护农民工的合法权益。

建立农民工综合维权体系。统筹整合人社、政法、工会、司法、公安等维权力量，与各地商会和行业协会对接，建立省、市、县三级综合维权体系。以各级政府购买法律服务的方式，为符合条件的农民免费提供公益性法律服务和法律援助服务。在农民工较为集中的地区，引入社会组织，依靠社会工作者对农民工在工作和生活中碰到的权益受损问题，提供一般性咨询服务，并协调联系相应的专业部门，让农民工可以通过"一站式服务"找到解决问题办法和渠道。

建立健全省际维权联动机制。评估跨省维权的实践经验和成效，总结可

推广的典型模式。整合政府和非政府组织现有资源（如司法、工会等各级政府部门、省政府各驻外办事处、农民工工作站和四川各地的商会等），在川籍农民工较为集中的地区，因地制宜建立省外农民工综合维权工作站。明确工作站的职责以及与输入地相关部门对接的机制，并在人员和经费上给予必要的保障。

3. 加强对"三留守"人员的社会支持和服务

农村"三留守"人员是在我国城市化和工业化背景下，大量农村劳动力向城市转移过程中出现的现象，应用发展的眼光来看待和解决这个问题。加强农村留守儿童的学前教育服务，根据农村学龄前儿童的规模，采取政策引导与市场配置相结合的形式，合理布局幼儿园并提供接送服务，确保留守儿童有进入幼儿园接受学前教育的机会。充分发挥留守妇女的积极作用，鼓励社会组织参与农村妇女互助合作组织的建设，在生产、生活上带动农村社区的发展。建立健全农村老年社会福利和社会救助制度。

4. 深化公众认知营造农民工发展环境

农民工进入城市工作和生活是一个长期过程，既需要党和政府高度重视，提供制度和法律保障，同时需要社会公众打破固有成见，积极接纳并营造良好社会环境。一方面，应加大宣传力度，对农民工较为集中的行业和工种进行客观报道，如举办工厂开放日，面向社区、报刊、教育培训等从业人员以及社会公众开放，展示制造业、建筑业等传统行业在应用新技术、改善工作环境等方面的新变化，打破社会对农民工从事的工作"脏、乱、差"的固有成见。另一方面，应加大农民工历史贡献和新变化的正面宣传，重点宣传农民工在城市管理、乡村振兴等方面的积极作用。

专 题 篇

Special Topics

B.6
成都中心城市辐射力与腹地研究

冉　敏*

摘　要： 区域协调的关键在于提升区域中心城市对周边区域的辐射带动
作用。围绕提升成都中心城市辐射力这一主题，本报告首先构
建了测度城市辐射力的综合指标体系，并对成都2009～2018年
10年间的城市辐射力进行了测度，发现成都对省内其余城市的
辐射力有所下降，尤其是环境辐射力下降较大，并基于断裂点
理论测度了省内17个城市的辐射能力，依据场强大小界定了
成都的腹地分类与范围。最后，围绕提升成都城市辐射力，提
出了建构流动空间、强化资源配置、优化营商环境、打造区域
有机整体和突出特色优势等五个方面的建议。

* 冉敏，博士，四川省社科院区域经济所助理研究员，主要研究方向为区域创新和可持续发展。

关键词： 城市辐射力　断裂点理论　城市腹地　成都

2018 年 6 月四川省委十一届三次全会上，省委、省政府依据党和国家的指示，提出了"一干多支、五区协同"的发展战略。干支联动、五区协同发展战略，一方面是通过支持成都全面建设国家中心城市，提升主干引领辐射带动能力；另一方面则是推动环成都经济圈、川南、川东北、攀西和川西北五大区域的协同共进发展。通过成都这一中心城市来辐射带动其他区域发展，可以说是治蜀兴川战略部署取得成功的关键之一。

根据中心腹地理论，中心城市作为区域的发展极，通过与周边城市进行人流、物流、资金流等要素的交换，从而产生溢出效应，能够带动和影响周边区域发展，这种影响力被称为"城市辐射力"。通常来说，距离中心城市越近，这种影响力越大；与中心城市的经济联系越多，其受到的影响也就越大。根据中心城市对其辐射力影响的大小，可以划分出不同等级的腹地区域，从而采取不同的政策措施和区域发展战略。因此，分析成都对四川省内其他城市的辐射带动作用，具有重要的理论和实践意义。

一　城市辐射力研究的理论基础

（一）文献概述

国内外许多学者对城市辐射力进行了研究。美国学者 P. Hagget 在 1966 年首先提出了"辐射"概念，认为辐射指的是信息、技术、政策等能够被逐渐传播，不断扩大其影响范围。后来的学者对其观点进行了理论推广和实证研究。总的来说，学者关于城市辐射力的研究主要集中在以下三个方面。

一是城市辐射力的分类。有学者认为城市辐射力主要包括经济辐射力、技术辐射力、基础设施辐射力、人力资源辐射力等。尤其是中心城市的经济辐射力是学者的研究重点，大量学者对中心城市与周边城市的经济联系、产业链关系等做了研究。如何龙斌对我国三大经济圈的核心城市经济辐射力进行了比较研究,发现上海市对长三角经济圈的经济辐射力最强。近年来,随着政府呼吁转换区域经济发展的动能,中心城市对周边区域的技术溢出效应也逐渐吸引了学者的关注。如蒋天颖研究了中心城市的创新辐射力,其发现上海与周边区域的创新联系频繁且密切。

二是城市辐射力的影响机制。学者对于城市辐射力的影响机制研究主要集中于中心城市是如何影响周边城市和区域的。如有的学者认为,距离中心城市距离越近,受到中心城市的影响越大;有的学者认为,与中心城市之间的经济联系越紧密,则受到中心城市的影响越大;还有的学者认为,交通设施的便利性决定了中心城市的辐射范围。

三是城市辐射力的测度。对于城市辐射力的测度,学者用了大量方法进行了定量评价。如李敏等采用主成分分析方法测度了小城镇经济辐射力,其认为小城镇应通过扩大城市规模和调整区域经济结构扩大影响力;杨姝琴用层次分析法研究了广州的国家中心城市辐射力,认为应在产业升级、科技创新、区域合作、凸显特色和突破政策等几个方面提升广州的辐射力;徐顺等学者采用城市断裂点分析方法对比分析了徐州、郑州和济南对淮海经济区的辐射力,认为徐州对淮海经济区的综合带动力更强,但需进一步优化与各地联系的交通网络。

总的来说,学者对于城市辐射力的研究比较深入且得出了许多有见解的结论和建议,但是对于成都这样一个地处我国西部的中心城市辐射力的测度,以及其如何影响周边城市区域的研究较少。

(二)指标体系构建

1. 评价指标体系的构建

一个城市的辐射力越强,意味着其能够从更广阔的腹地空间集聚更多的资源,从而能更有效地优化配置自己的资源和开展经营活动,从而获得更多更高质量的效益。因此,城市辐射力实质上是城市综合竞争力的重要体现。城市作为现代人类的主要居住地和资源聚集地,不但需要通过资源优化配置形成较高的经济发展水平，也要为居住在城市里的个人和群体提供优质的生活空间和居住环境。对于指标体系的评价方法，主要有综合评价、主成分分析、因子分析和层次分析等。本研究采用综合评价法结合断裂点模型分析，即先用综合评价法测算出城市辐射力绝对值，再采用断裂点模型界定城市辐射力范围，并根据影响大小对辐射力范围进行分类。结合成都建设国家中心城市和公园城市的战略部署，确定了从经济、社会和环境三个方面进行辐射力分析。

2. 指标体系的确定

本研究认为，评价一个城市辐射力应该包括经济、社会和环境三个方面的内容，因而分别从经济辐射力、社会辐射力和环境辐射力三个维度，构建成都城市辐射力的评价指标体系（见表1）。

表1　成都城市辐射力评价指标体系

一级指标	二级指标	三级指标	测度指标
城市辐射力	经济基础	经济水平	人均地区生产总值
		金融发展	金融机构存贷款余额/地区生产总值
		开放经济	进出口总额/地区生产总值
		创新能力	R&D经费支出/地区生产总值
		财政状况	Y财政预算收入/地区生产总值
	社会发展	就业水平	1-失业率
		社会保障	养老保险参保人数
		医疗发展	人均床位比
		教育发展	义务教育师生比
		文化服务	每百人图书馆藏书
	环境状况	道路建设	人均城市道路面积
		绿地状况	人均公园绿地面积
		绿化水平	建成区绿化覆盖率
		污水处理	污水处理率
		垃圾处理	生活垃圾处理率

一级指标城市辐射力衡量了城市对周边城市和区域的辐射能力，由经济基础、社会发展和环境状况3个二级指标组成。

经济基础衡量了城市的经济发展质量，由经济水平、金融发展、开放经

济、创新能力和财政状况 5 个指标组成。

社会发展衡量了城市为居民提供的基本公共服务和社会保障水平,由就业水平、社会保障、医疗发展、教育发展和文化服务 5 个指标组成。

环境状况衡量了城市为居民提供的公共设施和宜居环境状况,由道路建设、绿地状况、绿化水平、污水处理和垃圾处理 5 个指标组成。

二 成都城市辐射能力的评估分析

依据上述指标体系,本研究对成都市 2009～2018 年的城市辐射力进行了测量,并选择具有代表性的 2009 年、2013 年和 2018 年进行分析(见图 1)。

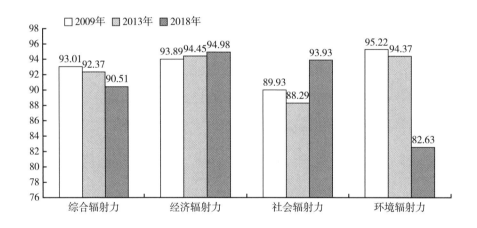

图 1　2009 年、2013 年和 2018 年成都城市辐射力状况

综合城市辐射力逐渐下降。如图 1 所示,2009～2018 年成都对周边城市的辐射力整体下降,从 2009 年的 93.01 下降到了 2018 年的 90.51。这一状况可能是由于近年来成都日益成为全国性甚至是全球性城市,其全球资源配置能力提升,成都与省内城市的密切关系受到了挑战,或者可能对省内城市的虹吸效应在日益增强。

经济辐射力缓慢增强。2009～2018 年,成都对周边城市的经济辐射力整体上日益增强,但增加的幅度非常缓慢,仅增加了 1.09。这表明成都的经济发展对省内城市的带动能力不足，需要进一步构建成都与省内其他城市之间的产业链关系和经济联系。

社会辐射力快速提升。2009～2018 年，成都对省内城市的社会辐射力整体上增长非常快，从 2009 年的 89.93 增长到了 2018 年的 93.93。这表明近年来成都对城市居民的社会保障、教育、医疗和文化服务的日益重视，使其对省内城市的社会辐射力快速提升。

环境辐射力下降过快。2009～2018 年，成都对省内城市的环境辐射力下降非常快。从 2009 年的 95.22 下降到了 2018 年的 82.63。这一方面表明近年来成都迅速城市化，城市扩容可能导致了居住环境质量的下降，环境承载能力日趋下降；另一方面表明省内其他城市越来越重视对城市环境的保护和对城市环境宜居性的改善，从而缩小了与成都城市环境之间的差距。

三 基于断裂点理论的成都城市辐射范围分析

（一）断裂点理论

中心城市的发展会对周边城市产生影响，但由于各个城市规模的差异，其影响范围是不同的。中心城市对周边城市的辐射力随着城市间距离递增而递减，直到完全消失。有学者把两个城市之间的辐射力平衡点称为断裂点。

断裂点理论是用来分析城市之间相互作用的一种理论。因此，断裂点实际上测度了城市辐射力的空间分布，在断裂点处两城市之间的辐射力达到了平衡。根据断裂点的定义，其计算公式为：

$$d_{AB} = \frac{D_{AB}}{1 + \sqrt{P_B / P_A}} \tag{1}$$

式（1）中，d_{AB} 表示的是城市 A 到其与城市 B 之间断裂点的距离；D_{AB}

表示 A、B 两城市间的距离；P_A、P_B 分别表示两城市的规模。

关于城市规模，学者通常用人口规模来测度，但是单纯用城市人口规模大小并不能真实反映城市的实际辐射力，因此应涵盖其他测度城市规模的指标，如经济规模、消费规模等。本研究借鉴一些学者的做法，综合考虑经济、社会和环境三方面的因素，采用前文计算出的城市辐射力作为测度城市规模的综合性指标，并在此基础上改造断裂点公式为：

$$d_{AB} = \frac{D_{AB}}{1 + \sqrt{V_B / V_A}} \tag{2}$$

式（2）中 V_A、V_B 分别表示 A、B 两个城市各自的辐射力。

虽然断裂点能够测算出中心城市对其他城市的影响边界，却无法反映出中心城市在边界处的影响力大小。因此，本研究采用"场强"来测度中心城市在边界处的辐射力强度，其计算公式如下：

$$F_A = \frac{V_A}{d_{AB}^2} \tag{3}$$

式（3）中，F_A 是场强的大小，其余字母含义同式（1）、式（2）。

（二）测度结果分析

依据上述理论观点和计算公式，本研究计算出成都市与省内其他 17 个地级市的断裂点相关值及其断裂点处的场强值（见表2）。①

中心城市到断裂点的距离占两地之间距离的比重，实际上反映了中心城市的辐射范围，比例越高，则中心城市对相应城市的辐射力就越大。如表 2 所示，除了绵阳和南充两市为 69% 外，其他城市的占比都在 70% 以上。城市到断裂点的距离与两城市之间距离的比重，表明了该城市相对另一城市的辐射范围。从表 2 中可以看出，成都对省内 17 个城市的辐射影响范围非常大，而其中对雅安的辐射范围最大，成都到雅安的距离占两地距离的 81%。

---

① 本文采用了《四川统计年鉴2019》相关数据，测度了2018年成都市与其他17个地级市之间的断裂点相关指标。

这表明，在四川省区域经济发展过程中，成都作为省会对其他城市发展的影响占绝对重要的地位。

表2　成都与其他城市的断裂点距离及场强

城市	成都到断裂点的距离(千米)(d_A)	成都到断裂点的距离占两地距离的比重(%)(d_a/d_{AB})	成都在断裂点处的辐射场强(F_A)
自贡市	118.77	0.75	8.47
攀枝花市	506.43	0.79	0.47
泸州市	197.03	0.72	3.08
德阳市	51.63	0.72	44.82
绵阳市	84.55	0.69	16.71
广元市	238.59	0.78	2.10
遂宁市	124.74	0.75	7.68
内江市	161.49	0.74	4.58
乐山市	104.65	0.74	10.91
南充市	150.67	0.69	5.26
眉山市	59.81	0.76	33.39
宜宾市	203.66	0.71	2.88
广安市	226.33	0.75	2.33
达州市	287.80	0.71	1.44
雅安市	116.42	0.81	8.81
巴中市	264.16	0.79	1.71
资阳市	79.06	0.78	19.11

从场强（F_A）来看，成都在断裂点处辐射场强最高的城市是德阳市，其场强值为44.82；其次为眉山市，其场强值为33.39；场强值最低的为攀枝花，为0.47。这表明，成都对德阳的辐射力最强，对德阳经济社会发展的影响最大；而成都对攀枝花的辐射力最小，对攀枝花经济社会发展的带动能力最弱。

总的来说，成都与其他城市在断裂点的场强值排在前面的多为成都平原经济区的城市，这表明成都对成都平原经济区的辐射带动作用非常强。除了南充市排在第9位，成都对川东北经济区的其余4市的断裂点场强值都排在

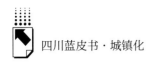

倒数几位，这表明，川东北经济区应进一步加强与成都的经济社会联系，用成都发展的优势带动自身发展。

四 成都腹地城市的分类与范围分析

根据中心腹地理论，中心城市对其具有辐射影响的城市，即为中心城市的腹地城市。中心城市、腹地城市和两者之间的关系网络构成了一个完整的城市群区域。中心城市与腹地城市之间是一种相辅相成的关系，中心城市的发展离不开腹地城市的资源要素和市场支撑，腹地城市对中心城市的影响则取决于腹地城市的规模、发展水平和两者之间联系的紧密程度。根据城市辐射力的强度和断裂点确定的腹地范围，借鉴孙娟的观点，本研究将成都的腹地分为核心区、日常腹地、直接腹地、间接腹地、协作圈和泛影响圈6个层次。根据断裂点分析，结合成都实际情况，依据17个城市受到成都的辐射影响大小可以界定出成都的城市腹地范围（见表3）。

表3 成都腹地城市分类

腹地分类	城市和区域
核心区	以锦江为代表的11个主城区
日常腹地	以新津为代表的远郊区县
直接腹地	德阳、眉山、资阳、绵阳
间接腹地	乐山、雅安、自贡、遂宁、南充、内江
协作圈	泸州、宜宾、广安、广元
泛影响圈	巴中、达州、攀枝花

核心区，即中心城市的主城区，包括成都的11个区：锦江、青羊、武侯、金牛、成华、双流、温江、郫都、新都、青白江和龙泉驿。

日常腹地，即中心城市的远郊区县，包括成都行政区域内的9个县市：新津、崇州、蒲江、邛崃、大邑、都江堰、彭州、金堂和简阳。

直接腹地，即受到中心城市辐射影响较强的区域，包括德阳、眉山、资阳和绵阳4市。

间接腹地，即受到中心城市辐射影响相对强的区域，包括乐山、雅安、自贡、遂宁、南充和内江6市。

协作圈，与中心城市距离较远，且经济联系相对不太密切的区域，包括泸州、宜宾、广安和广元4市。

泛影响圈，与中心城市距离较远，经济联系不密切，且受到其他城市辐射影响更大的区域，包括攀枝花、达州和巴中3市。攀枝花受到昆明的辐射影响更大，而达州和巴中则受到重庆辐射影响更大。

五 进一步提升成都中心城市辐射力的建议

（一）坚持网络思维，构建"流动空间"

成都要提高城市辐射力，就要从基于"地点空间"的区域中心转变为基于"流动空间"的网络节点。所谓"流动空间"就是将成都打造成为"一带一路"和"长江经济带"沿线各种技术、产品、信息、人才等资源要素流入、流出和配置的空间。成都要建构"流动空间"，不仅需要与省内其他城市建立紧密的联系，使之成为成都内卷发展的腹地城市，更需要与区域外的大湾区、长三角，甚至与全球其他节点城市之间建立更广泛、更密集、更顺畅的强大联系。总之，提升成都"中心城市"辐射力就是把成都变成各种网络关系中的核心节点，推进成都与其他城市之间的合作互补关系，推进彼此间的资源信息等的通达性与流动性。

（二）坚持"长板"思维，强化资源配置

"中心城市"建设的核心任务之一是培育和发展资源配置功能，这也是中心城市的核心功能之一。因此，成都在推进"中心城市"建设时，应该紧紧围绕这一核心功能，以"拉长板"为主导，协调和加快其他城市功能发展，做强做精，提升核心竞争力，而不是基于"木桶原理"的"补短板"方式来面面俱到。总之，成都市要建设国家中心城市的"五中心一枢纽"

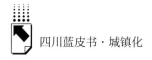

和自贸试验区，优化营商环境，吸纳全球高端产能、高端人才、高端服务业等要素集聚，并通过产业链、价值链、人才链、价值链和物流链与其他节点城市之间形成紧密关系，促进资源的优化配置，从而推动成都不仅成为省内五大区域协调发展的领头羊，更要成为共建"一带一路"和"长江经济带"沿线城市的高端资源配置中心。

（三）坚持全球思维，优化"营商环境"

国内外重要中心城市建设的经验表明，优质的营商环境不仅能够吸引全球资源流入，而且能够激发区域创新创业的活力，提高区域的资源配置能力。因此，成都要对标国际最高标准、最高水平，不断提升制度环境软实力，努力打造营商环境新高地。具体来讲，就是形成高度规模化、开放化、联通度高的市场环境，高效率、透明化的制度环境，高端化、流动性强的要素环境，高度舒适、优质性的人才环境，并保持动态更新的营商环境。

（四）坚持协同思维，打造区域有机整体

当今城市的发展，已经不再是单个单元的努力，而是一种地区现象，演化成为全球城市区域或巨型城市区域。简单地说，中心城市的发展，已经不是一个单兵突击的问题，而是一个区域协同发展的问题。因此，成都推进"中心城市"建设，必须协同省内各个城市，以及共建"一带一路"和"长江经济带"沿线其他城市共同发展，从制度创新、产业布局、技术引进、人才引进、公共配套等各方面建立密切协同合作关系，从而形成省内城市和沿线城市的有机整体，融入全球经济网络和开放格局。

（五）坚持软硬结合，突出特色优势

对于成都中心城市的功能，应该坚持软硬结合，除了继续推进综合枢纽建设、宜居宜业宜商的配套建设和促进区域内外的互联互通之外，更应重视对于营商环境、国际规则、形象展示、全球治理等"软性功能"和创新性功能的建设。对于城市功能的定位，应该坚持特色化、差异化和领先化，做

到"人无我有、人有我先",避免区域之间的恶性竞争,从而推动成都成为我国乃至全球具有特色的中心城市。

参考文献

四川省统计局:《四川统计年鉴 2019》,http://tjj. sc. gov. cn/tjcbw/tjnj/。

高楠:《安徽省城市辐射力评价研究》,《宿州学院学报》2016 年第 8 期。

杨姝琴:《广州增强国家中心城市辐射力研究》,《城市观察》2014 年第 6 期。

段七零:《基于断裂点理论的南京经济腹地界定及层次划分》,《长江流域资源与环境》2010 年第 8 期。

白雪、孔育甲:《基于断裂点理论的广州经济腹地界定及分析》,《特区经济》2014 年第 7 期。

栾强、罗守贵、郭兵:《都市圈中心城市经济辐射力的分形测度及影响因素——基于北京、上海、广州的实证研究》,《地域研究与开发》2016 年第 4 期。

何龙斌:《我国三大经济圈的核心城市经济辐射力比较研究》,《经济纵横》2014 年第 8 期。

蒋天颖:《长三角区域创新空间联系研究》,《中国科技论坛》2014 年第 10 期。

聂华林、王成勇:《区域经济学通论》,中国社会科学出版社,2006。

孙娟:《都市圈空间界定方法研究——以南京都市圈为例》,《城市规划汇刊》2003 年第 4 期。

李敏、杜志伟、李伟、邓理清:《小城镇经济辐射区定量分析——以重庆大足县为例》,《地域研究与开发》2003 年第 4 期。

徐顺、孙颖、陈子康:《基于断裂点理论的徐州中心城市辐射力分析——兼与郑州、济南对比》,《时代金融汇》2019 年第 18 期。

P. Krugman, R. Marking, "Sense of the Competitiveness Debate," *Oxford Review of Economic Policy*, 1996, 12 (3).

D. Wester, L. Muller, "Competitiveness Assessment in Developing Country Urban Rejions: The Road forward," Washington, D. C., Paper Prepared for Urban Group, INFUD, the World Bank, 2000.

B.7
四川省推进新型城镇化高质量
发展路径研究

吴振明*

摘　要：　改革开放以来，四川省城镇化呈现起步晚、起点低、速度快的发展特征。在高质量发展背景下，四川城镇化面临发展水平滞后于全国平均水平、城市发展差距与区域发展失衡矛盾交织、城镇体系结构亟须提升等一系列新问题，推进新型城镇化高质量发展必须坚持走"以人为本、区域协调、四化同步、城乡统筹、集约高效"的新型城镇化道路，实施差异化的发展路径。

关键词：　新型城镇化　高质量发展　城市群

　　我国的新型城镇化是对经济社会转型发展要求的响应，是中国特色城镇化在特定历史阶段的具体表现。自十八大报告明确提出"走中国特色的新型城镇化道路"以来，新型城镇化既着力解决我国城乡二元结构和区域发展不均衡问题，又顺应经济发展转型所带来的城乡发展动力变化的新趋势，迅速改变了我国的空间格局和城乡面貌。

　　党的十九大报告做出了"中国特色社会主义进入了新时代""我国经济已由高速增长阶段转向高质量发展阶段"的重大论断，高质量发展成为新

---

* 吴振明，经济学博士，四川省社会科学院区域与城市发展研究所副研究员，主要研究方向为区域经济、产业经济。

时代中国特色社会主义经济发展的主题。在高质量发展背景下，四川省城镇化的动力机制开始发生变化，以传统工业和传统服务业发展为主导的城镇化动力正逐步让位于新兴产业；高度依赖外部资本和外部市场的发展模式正在转变为内生式发展模式，经济增长向高质量发展转型正在影响四川城镇化的驱动机制和进程，需要谋划新的城镇化发展路径。

一 四川省城镇化发展现状

改革开放以来，四川省城镇化呈现起步晚、起点低、速度快的特征。1978～2018年，四川城镇常住人口从557万人增加到4362万人，城镇化率从7.9%提升到52.3%。成都城市群、川南城市群、攀西城市群、川东北城市群四大城市群，以52%的面积集聚了97%的人口，创造了99%的地区生产总值，成为带动全省经济快速发展的重要引擎。近年来，四川省城镇化快速推进，与全国城镇化发展水平差距缩小；城市规模明显扩大，城市基础设施显著改善，公共服务水平明显提高；同时，吸纳了大量农村劳动力转移就业，推动了全省经济持续快速发展，促进了社会结构的深刻变革，全面提升了城乡居民的生活水平。四川省城镇化在取得重大进展的同时，也出现了较多的矛盾和问题。

1. 城镇化发展仍然滞后于工业化进程，也落后于全国发展水平

四川省城镇化进程长期滞后于工业化进程。2000年，四川省工业增加值占地区生产总值的比重为29.4%，而城镇化率为26.7%；2011年，城镇化率与工业化率持平，工业增加值占地区生产总值的比重达到41.1%，城镇化率提高至41.8%；2018年，工业增加值占地区生产总值的比重已经下降至30.0%，城镇化率上升至52.3%（见图1）。但是从质量角度来看，四川省城镇化发展质量仍然不高，依然存在城镇化发展滞后于工业化进程问题。比如全省人口集聚与产业集聚存在错位，2018年成都经济区集聚了超过全省60%的经济总量，却只承载了全省40%左右的人口；川东北经济区仅集聚了不足全省20%的经济总量，却承载了全省近30%的人口。

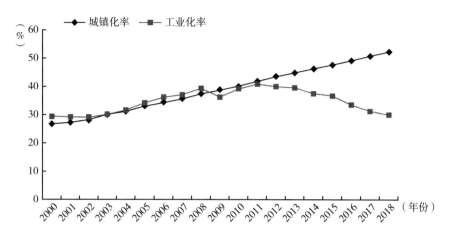

图1　2000~2018年四川省城镇化率与工业化率

资料来源：城镇化率来自《四川统计年鉴2019》，工业化率根据《四川统计年鉴2019》相关指标计算得来。

四川省城镇化发展也长期滞后于全国发展水平。2000年四川省城镇化率为26.7%，全国城镇化率为36.2%。近年来，四川省城镇化率与全国水平差距有所减小，但差距仍然明显，2018年四川省城镇化率为52.3%，全国城镇化率为59.6%，差距由2000年的9.5个百分点缩小至7.3个百分点（见图2）。

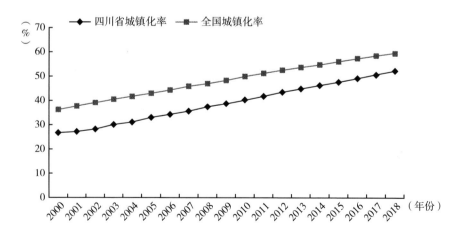

图2　2000~2018年全国与四川省城镇化率

资料来源：《四川统计年鉴2019》《中国统计年鉴2019》。

2. 城镇化发展差距与区域发展不均衡矛盾相互交织

从四川省内部来看，2018 年城镇化率最高的为成都市，达到 73.12%，最低的为甘孜藏族自治州，仅为 31.66%，二者相差 41.46 个百分点；从人均地区生产总值来看，2018 年最高的为攀枝花市，达到 94938 元，最低的为巴中市，为 19458 元，前者是后者的 4.88 倍，二者相差 75480 元（见表 1）。

表 1 2018 年四川省各市（州）城镇化率和人均地区生产总值

单位：%，元

区域	城镇化率	人均地区生产总值	区域	城镇化率	人均地区生产总值
全省	52.29	48883	南充市	48.14	31203
成都市	73.12	94782	眉山市	46.32	42157
自贡市	52.61	48329	宜宾市	49.64	44604
攀枝花市	66.59	94938	广安市	41.86	38520
泸州市	50.46	39230	达州市	45.52	29627
德阳市	52.35	62569	雅安市	46.85	41985
绵阳市	52.53	47538	巴中市	41.85	19458
广元市	45.63	30105	资阳市	42.71	42112
遂宁市	50.02	37943	阿坝藏族羌族自治州	40.00	32552
内江市	49.10	37885	甘孜藏族自治州	31.66	24446
乐山市	51.83	49397	凉山彝族自治州	35.71	31472

数据来源：《四川统计年鉴 2019》。

以全省城镇化率和全省人均地区生产总值为坐标原点，从各市（州）的城镇化率和人均地区生产总值散点图可以看出，多数点分布于一、三象限，城镇化率与人均地区生产总值的分布呈现显著的"同高同低"的特征，即高城镇化率的区域人均地区生产总值也较高，反之亦然（见图 3）。这反映出四川省各市（州）城镇化发展差距与区域发展差距矛盾相互影响、相互交织，致使区域发展不均衡问题更加复杂。

3. 城镇体系和结构有待完善

目前，四川省初步形成了由成都 1 个超大型城市、2 个特大型城市、16个大城市、10 个中等城市、6 个小城市和 1793 个小城镇构成的省域城镇体

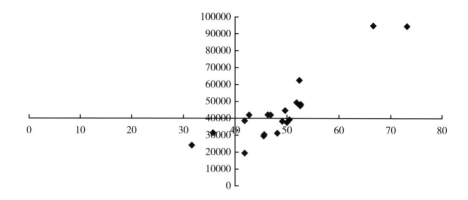

图3　2018年四川省各市（州）城镇化率与人均地区生产总值散点图

资料来源：《四川统计年鉴2019》。

系，城市群发展还处在初级阶段，尚未形成一体化发展格局；区域性中心城市发展不充分，对区域的辐射带动作用还不明显；小城市和小城镇功能偏弱、规模偏小，对人口和产业的集聚能力不足，未充分发挥联系城市与农村的纽带作用。

同时，四川省城镇化发展还存在城镇综合承载力不强、体制机制不健全等问题，主要表现在基础设施建设滞后、公共服务供给不足、交通拥堵、环境污染加剧、人居环境较差、城乡二元制度阻碍城镇化健康发展等多个方面。

二　四川省新型城镇化道路内涵

城镇化是伴随工业化发展，非农产业在城镇集聚、农村人口向城镇集中的自然历史过程。党的十八大报告明确提出"新型城镇化道路"，目前学术界对新型城镇化道路内涵的认识趋于一致，最核心的内涵在于对"新"的理解：一是与已经完成城镇化的发达国家相比，中国必须充分结合现实情况，总结其他国家城镇化发展的经验和教训，探索与时代特征、我国国情相适应的城镇化道路，而不是简单模仿和重复其他国家走过的城镇化道路；二是与我国已经走过的传统城镇化道路相比，新型城镇化发展必须融合新理念、制定新战略、实施新路径，解决存在的诸多问题，应对不断出现的新矛盾。《国家新型城镇化规划（2014～2020年）》首次明晰了中国特色新型城镇化道路的内涵，即"以人为本、四化同步、优化布局、生态文明、文化传承"，总体涵盖了社会各界对于中国特色新型城镇化道路内涵的探索。

四川省立足"人口多、底子薄、不平衡、欠发达"的基本省情，着力解决城镇化发展中的诸多矛盾，明确提出了要走"围绕提升城镇化质量，以人的城镇化为核心，走出一条形态适宜、产城融合、城乡一体、集约高效的新型城镇化路子"。四川省新型城镇化道路的内涵应包括以下五个方面。

以人为本。城镇化的核心是人的城镇化，一方面引导人口合理流动，提升城镇对人口的吸引力和承载力，促进农村居民向城镇流动；另一方面，加快推进农业转移人口市民化，推进城镇基本公共服务常住人口全覆盖，不断提高农业转移人口融入城镇的素质和能力，最终使全体居民共享现代化建设成果。

区域协调。同步推进新型城镇化与区域协调发展，处理好城镇化与区域发展的关系。以城镇为载体，推动区域分工合作，进一步明确中心城市功能定位，建立区域利益协调机制；在区域协调发展要求下，引导城镇合理布局、科学发展，进一步优化城镇体系，通过新型城镇化发展缩小区域差距。

"四化"同步。在城镇化发展中同步推进信息化、新型工业化和农业现代化，促进形成信息化与工业化深度融合、工业化与城镇化良性互动、城镇化与农业现代化相互协调的发展格局。

统筹城乡。把城镇化发展与社会主义新农村建设相结合，促进城乡要素平等交换和公共资源均衡配置，推动城乡经济融合发展，形成以工促农、以城带乡、工农互惠、城乡一体的新型城乡关系。

集约高效。按照资源环境承载能力科学布局城镇和城市群，严格控制城镇建设用地规模，合理控制城镇开发边界，优化城市空间结构促进城市紧凑发展，提高国土空间利用效率；节约集约利用水、能源等资源，强化环境保护和生态修复，实现可持续发展。

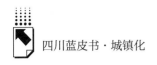

三 高质量发展背景下四川省新型城镇化发展路径

在高质量发展阶段，如何适应经济高质量发展的要求和城镇化发展动力机制的转变，是当前四川省新型城镇化发展要解决的重要问题。我们认为，在坚持城镇化发展与人口、资源、环境相协调的前提下，通过市场机制实现资源有效配置，促进要素向城镇集聚，同时加强和改善政府对城镇化的管理，因地制宜、因城制宜走多样化城镇化道路，是四川省在新时代推进新型城镇化的可行路径。

1.首位城市

成都作为四川省的首位城市，是四川省经济最发达、城市化水平最高、基础设施最完善的地区，2018年成都市城镇化率已经达到73.12%，人均地区生产总值达到94782元，远高于全省平均水平，需要从以下四个方面推进新型城镇化。

一是进一步发挥对全省城镇化发展的引领带动作用。加快产业结构调整升级，着力培育金融、物流、商贸、研发等现代服务业，加快发展高新技术产业和战略性新兴产业；全面提高开放水平，打造国际化对外开放平台；集聚创新要素，增强自主创新能力，全面提升城市国际竞争力。

二是优化城市空间结构。加快发展卫星城，增强龙泉驿、双流、郫都、温江、都江堰等卫星城的人口集聚能力，引导人口和产业由中心城区向卫星城疏散转移；优化主城区发展，适度控制中心城区人口规模，加快主城区向以现代服务业为主体的产业结构转变。

三是加快天府新区建设。按照"一门户、两基地、两中心"（内陆开放门户，高技术产业基地、高端制造业基地，西部高端服务业中心、国家自主创新中心）的发展定位和宜业宜商宜居的发展要求，加快现代制造业、高端服务业向天府新区集聚，拓展成都发展空间，有力带动全省城镇化发展。

四是加快绿色转型发展。按照"生态文明、绿色低碳"的新型城镇化发展理念，集约节约使用土地、水、能源等资源，加强环境保护和生态建设，依托河流、湖泊、山峦等自然地理格局建设区域生态网络。

2. 城市群

城市群已经成为四川新型城镇化发展的主体形态和主要载体，也是推动区域协调发展、带动区域经济增长的重要经济单元。现在已初步形成成都平原城市群、川南城市群、攀西城市群、川东北城市群等四大城市群，未来需从以下三个方面加快城市群的发展。

一是加快产业和人口集聚。成都平原城市群以成都市为核心，以德阳市、绵阳市、乐山市、眉山市、资阳市等城市为支撑，加快发展现代服务业、先进制造业、高技术产业、战略性新兴产业和现代农业；川南城市群以自贡市、泸州市、内江市、宜宾市等城市为中心，大力发展饮料食品、机械装备制造、综合化工、能源电力、新材料、节能环保等产业；攀西城市群以攀枝花市和西昌市为中心，加快发展钒钛、稀土等优势资源特色产业，积极发展特色农业和生态旅游；川东北城市群以南充市、达州市、广元市、遂宁市、广安市、巴中市等城市为中心，重点发展清洁能源和石油天然气化工、农产品加工等产业。

二是加强生态建设和环境保护。城市群地区在发展过程中，要严格保护基本农田和水资源，控制城市边界，严格控制污染物排放，加强生态建设和环境保护，转变粗放发展模式，确保生态安全。

三是建立城市群发展协调机制。由省政府编制和实施城市群发展规划，明确各城市群的功能定位和分工，统筹基础设施建设，加快推进城市群协同发展进程；建立和完善城市发展协调机制，推动建立城市间产业分工、基础设施、环境治理的联动机制，探索城市间要素市场管理机制，破除行政壁垒，促进生产要素自由流动和优化配置。

3. 区域性中心城市

区域性中心城市是四川城镇化发展的重要支撑，在城镇体系中承担了"承上启下"的重要功能，提高区域性中心城市城镇化发展质量主要有两条路径。

一是进一步发挥规模效应和带动效应。加快培育以先进制造业、战略性新兴产业和现代服务业为主体的现代产业体系，扩大城市规模，培育一批人口规模达到百万人的大城市；强化区域性中心城市交通枢纽功能、商贸物流功能和金融中心功能。

二是统筹协调，互补发展。按照各城市的交通区位条件和资源环境承载力，明确发展方向和主要功能，充分发挥各自优势和特色，加强协作对接，形成分工合理、功能互补、区域合作的发展格局。

4. 县城和小城镇

县城和小城镇是县域新型城镇化发展的关键，也是我国新型城镇化发展的重要载体和实现区域协调发展的基本单元。

一是加快县城发展。鼓励引导产业项目在资源环境承载力强、发展潜力大的县城布局，依托优势资源发展特色产业。加强县城基础设施建设和公共服务设施建设，引导公共资源配置向县城倾斜，增强县城吸引力。

二是提高小城镇建设发展水平。在自然条件好、交通区位便利的地区，按照重点中心镇建设示范工程要求，因地制宜发展一批特色鲜明的旅游镇、工业镇和商贸镇，强化小城镇对农村地区的辐射带动作用；在民族地区和高海拔地区，围绕旅游、农林牧产业发展需要，引导人口和产业适度向小城镇集中，推动区域城镇化发展。

参考文献

彭红碧、杨峰：《新型城镇化道路的科学内涵》，《理论探索》2010 年第 4 期。

宋林飞：《中国特色新型城镇化道路与实现路径》，《甘肃社会科学》2014 年第 1 期。

陈明星、叶超、陆大道、隋昱文、郭莎莎：《中国特色新型城镇化理论内涵的认知与建构》，《地理学报》2019 年第 4 期。

谭昶、吴海涛：《新型城镇化、空间溢出与农民收入增长》，《经济问题探索》2019 年第 4 期。

方创琳：《中国新型城镇化高质量发展的规律性与重点方向》，《地理研究》2019 年第 1 期。

赵磊、方成：《中国省际新型城镇化发展水平地区差异及驱动机制》，《数量经济技术经济研究》2019 年第 5 期。

杨小柳：《民族地区新型城镇化发展路径探略：基于新发展理念的分析》，《广西民族大学学报》（哲学社会科学版）2019 年第 1 期。

B.8
在新型城镇化进程中四川省特色小镇建设的现状与分析

周 杰*

摘　要： 培育发展特色小镇已经成为新型城镇化建设的重要抓手，也是供给侧结构性改革的重要助推器，更是推进我国城乡统筹发展的重要平台。四川省小镇数量初具规模、类型多样，特色小镇建设已有一定基础，全省共有20个小镇入围中国特色小镇，数量位居全国第四。但不容忽视的是，四川省的特色小镇在建设过程中仍然存在城镇化发展水平偏低、公共服务不对等、同质化现象明显等问题。最后，从因地制宜、市场为主、创新理念、突出特色等方面提出推进四川特色小镇建设的建议。

关键词： 特色小镇　特色产业　新型城镇化

特色小镇不是传统行政意义上的小城镇，而是具有一定的空间独立性，并且有明确产业定位和文化内涵，具有休闲旅游、美丽宜居等多种功能的项目集合体。特色小镇应具备特色鲜明的产业形态、和谐美丽的宜居环境、彰显特色的传统文化、便捷完善的基础设施、充满活力的体制机制等。

———————————

* 周杰，四川省社会科学院产业经济研究所助理研究员，主要研究方向为产业经济。

一 特色小镇在新型城镇化进程中的作用

（一）特色小镇有利于探索多元化的城镇化途径

我国自然环境多种多样，各个地区的发展进程不平衡，发展水平参差不齐，地区之间差距较大，所以各个地区的城镇化模式不完全相同。特色小镇可以选择在任何一个城市地区或农村地区的独立镇（或聚集点）内开展建设。同时，特色小镇又分为特色旅游资源、特色产业、双创空间、商业贸易、红色旅游等多种类型与模式。这种在全国范围内"大分散、小集中"的小镇布局，有利于针对不同地区的资源禀赋、发展现状和地域特点，积极探索多模式、多类型、多层次、多元化的新型城镇化途径，在全国范围形成"多梯度"的城镇化发展模式。

（二）特色小镇有利于完善我国城镇体系结构

经历了多年的快速发展，我国传统城镇化进程面临市民城镇化滞后于土地城镇化、大量农业转移人口难以融入城市、城乡二元结构明显、生态环境破坏较为严重等问题。全国数量庞大的小城镇目前仍发挥着重要的集聚人口和社会稳定器的功能，是推进新型城镇化的重要平台。特色小镇是拥有明确的产业定位、丰富的文化内涵、休闲旅游功能、生态宜居和一定的社区功能的空间，是旅游景区、产业聚集区、城乡一体化、城乡融合的新型城镇化发展模式。特色小镇将城镇化发展的问题和矛盾都集中落实在特定空间，各地根据自身的发展特点与定位，积极探索解决途径。积极推进特色小镇培育建设，有利于增强小城镇发展动力，加快新型城镇化进程；有利于改善小城镇发展面貌，提高人民群众的生活质量和生活水平；有利于完善全国大中小各类城镇相互联系、相互依托的城镇体系结构。

（三）特色小镇有利于增强区域有效供给能力

作为以创新为导向的产业空间组织新形式，特色小镇相比传统小城镇，其发展模式更多体现出"内涵发展""创新导向"的特征。通过对特色产业的精准定位，进而吸引资本、科技、人才、信息等各类高端要素的集聚，发挥规模经济优势。同时，特色小镇的培育建设过程中，十分注重深挖当地历史、人文等各类要素资源，有力地推动了当地生产要素与人文历史资源的结合，创新区域供给方式，促进各类生产要素资源实现最大的经济效益，加快区域产业转型升级，优化区域供给格局，进而助推区域经济增长动力转换。

（四）特色小镇有利于促进城乡一体化发展

城乡一体化需要把工业和农业、城市和乡村作为一个系统整体进行统筹谋划，而特色小镇作为城乡间的纽带，将城市与乡村联结起来，有利于打通新型城镇化过程中城镇生产要素与乡村生产要素的流通渠道，在有限的空间范围内，打造一个产城融合的空间，有利于在规划设计、产业互动、市场体系、社会保障、公共服务等方面促进城乡一体化发展，构建城乡统筹新平台，使小镇的居民能够平等享受各项基本权益和公共服务。特色小镇建设将生产空间、生活空间、生态空间进行有机融合，提高城镇居民生活质量。挖掘传承历史文化遗产，体现出特有的地域文化，解决"大城市病"的同时兼顾乡村发展，有利于实现城乡一体化的发展。

二 四川省特色小镇的建设现状

我国东、中、西部地区分别有 174 个、86 个和 143 个小镇入围住建部公布的两批中国特色小镇（2016 年、2017 年），四川省共有 20 个小镇入围，是全国排名第四、西部地区特色小镇数量最多的省份。四川省委和省政府一直重视全省的特色小镇开发与培育工作，通过多年的改革试点镇建设、全国建制镇试点、"百镇建设行动"等一系列活动，取得了一定成效，为全省特色小镇的建设奠定了一定基础，并仍然在积极探索特色小镇发展的新路径和新方法。

（一）产业支撑增强，承载能力提升

产业是支撑特色小镇获得持续内生动力的最关键要素。四川省的小镇建设一直注重深挖当地的产业特色，如 2013 年在全省范围内开展的"百镇建设行动"就是按照"3 + N"的发展模式（以特色工业、商贸物流、旅游休闲镇为基础，积极发展生态宜居、创新创业、现代农业、教育医疗、传统民居等新型产业镇）来指导全省试点示范镇根据自身不同的区域特点、资源禀赋和产业基础来发展当地特色产业。充分利用各个小镇不同的自然、历史、文化和产业优势，精准定位产业发展方向，加大产业投资力度，不断提升试点镇的产业集聚发展水平。经过多年的建设，四川省目前已经初步形成95 个工业镇、107 个商贸镇和 98 个旅游镇，这些试点镇基本上实现了特色产业的"立镇强镇富镇"，同时在空间分布上还与全省新型城镇化的空间布局保持高度一致。这些按照产业分类来进行培育发展的产业小镇为全省特色小镇的建设奠定了基础。

（二）数量初具规模，小镇类型多样

四川省自然风光、文物古迹、特色文化、特色建筑等资源丰富。四川省地形复杂多样，平原、丘陵、山地、高原等不同的地理类型都使小镇拥有风格迥异的面貌。同时，四川省文化历史悠久，现有的古蜀文化、民俗文化、三国文化、红色文化等都造就了全省大量具有深厚历史文化底蕴和鲜明民俗风情的特色小镇。四川省现存有一定价值的古镇仍有 100 多个，数量位居全国第一，这些古镇保留的旅游休闲要素都成为培育以自然风光、特色农业、民俗古镇三大特色为主的四川特色小镇必不可少的重要资源禀赋，可以进一步挖掘、融合、转化、创新小镇文化内涵。基于资源禀赋、产业基础、交通设施和发展特色等因素，全省逐渐形成旅游休闲型、商贸物流型、现代农业型、加工制造型、文化创意型、科技教育型等类型丰富、独具特色、富有活力的特色小镇发展新格局。

（三）地域分布广泛，示范作用有效发挥

在住建部公布的两批特色小镇名单中，四川省共有20个小镇入围，在全国名列第四、西部地区排名第一。在这20个国家级特色小镇的基础上，四川省分三次评选了省级特色小镇，截至2019年，共有120个小镇入选省级特色小镇，省级特色小镇除了要满足国家级特色小镇的各种要求外，还要满足宜居环境、产业形态两大方面更高的要求。因此，这些省级特色小镇大多围绕环境"青而绿"、形态"小而美"、产业"特而优"、功能"聚而合"、机制"新而活"的培育思路，突出了当地的产业特色、资源特色和历史文化特色。这120个特色小镇根据产业发展类型分布在全省各市（州）。其中，成都平原经济区有48个，占40%，接近一半；川东北经济区有27个，占22.5%；川南经济区有24个，占20%；川西北经济区有12个，占10%；攀西经济区有9个，占7.5%（见图1）。

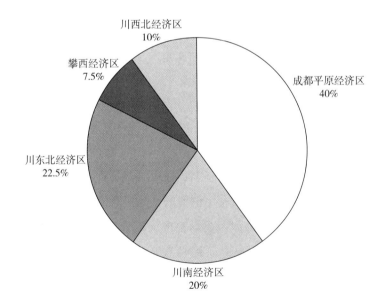

图1 四川三批省级特色小镇的地域分布

三 四川省在推进特色小镇建设过程中存在的问题

（一）可利用土地资源少，城镇化发展水平偏低

四川省辖区面积约有 48.6 万平方千米，[①] 总面积在全国排名第五，但省内大部分区域是丘陵和山地地区，山地、高原和丘陵就占全省土地面积的 95% 以上，真正可以利用的土地资源相对较少。2019 年全国城镇化率为 60.6%，而四川省常住人口城镇化率为 53.8%，[②] 城镇化率居全国第 24 位，四川省城镇化水平低于全国平均水平 6.8 个百分点，说明四川省的城镇化发展水平相对较低。可利用的土地资源少、城镇化发展水平不高，均反映出四川省经济发展的内生动力不足，这些成为制约全省小镇发展的重要因素。[③]

（二）基础设施较落后，公共服务不对等

虽然近年来四川省的基础设施发展较为迅速，但由于财政资金拨付不及时，资金使用限制因素较大，资本市场化运作不足，都导致了小镇基础设施建设仍然相对滞后。基础设施的落后不利于吸引人才、资金、科技等生产要素的集聚，更难以发挥小镇的辐射带动作用。从公共服务的角度看，公共服务要充分发挥对当地特色产业的产品孵化、科技创新、融资渠道等方面的服务职能，同时，特色小镇还应该按照城镇功能要求建设基础设施，积极引进教育、文化、医疗、养老等优质公共服务，提高城乡基本公共服务均等化水平，营造良好的发展环境。对比特色小镇对于公共服务的职能要求，四川省许多小镇目前的公共服务职能还有待进一步完善与提高，需要积极补齐基础

---

① 参见《四川统计年鉴 2019》。
② 周杰：《高质量推进四川省特色小镇建设》，《经济研究导刊》2019 年第 9 期。
③ 参见《中华人民共和国 2019 年国民经济和社会发展统计公报》《2019 年四川省国民经济和社会发展统计公报》。

设施和公共服务的短板，为周边乡村提供良好的生产生活服务，有序有效地推进四川省特色小镇培育建设。

（三）同质化现象明显，创新动力还需提升

虽然经过多年建设，但四川省小城镇人口规模普遍不大，超过70%的小城镇常住人口不到1万人。虽然四川省很多特色小镇的产业门类较丰富，但绝大多数小镇还是依托自然风光、民俗文化、工业园区或产业园区建立而成的，在发展路径、风貌打造等方面存在较为明显的同质化现象。加上在特色小镇建设发展的过程中，由于发展定位不够精准、发展目标不够明确、基础设施薄弱等各种因素限制，小镇的产业结构较单一，核心竞争力不强，科技、人才、创新等生产要素资源支撑能力较弱，产业的内生创新性动力明显不足，对周边区域的产业辐射带动作用有限，集聚人口和发展经济的能力有待提高。

四　四川省特色小镇的建设路径与目标

特色小镇作为一种区域经济发展新模式，仍然处于起步与探索阶段。四川省的经济实力、工业化、城镇化发展阶段均落后于东部地区，其他省份特色小镇发展模式并不完全适用于四川省的小镇建设。四川省要探索出属于自己的特色小镇培育建设发展路径。

（一）总体思路

1. 树立社会、环境、文化协调发展的理念

特色小镇想要持续健康发展，必须在创建之初就树立以人为本的理念，突出生态环境建设。特色小镇规划建设时要充分考虑生态环境容量和资源约束力，利用四川独特的山、水、林等生态优势，以自然风貌为基础，依山顺水、顺势而为地合理进行小镇的空间布局，最大限度减少对生态环境的破坏，创建山水相依、自然和谐的宜居小镇。运用绿色生态技术来修复公共绿

地空间、广场道路空间、河道等生态环境。突出特色小镇建设过程中的文化功能,不断挖掘、融合、转化、创新小镇的文化内涵,发挥文化的引领、凝聚和渗透作用,通过产业对接、文化交流等多种形式,优化乡村创业创新生态,促进文化资源与其他资源的深度融合,以提升特色小镇的文化活力,促进文化发展与经济发展相得益彰。

2. 构建具有创新能力的产业生态系统

特色小镇要依托现有的产业类型,紧扣产业发展趋势,延伸产业链、提升价值链,积极构建小镇大产业的模式。根据要素供给需求,大力引进与特色产业相关的企业组织、科研机构、高素质人才、技术中介、品牌营销等组织机构入驻小镇,积极促进小镇产业链、资金链、技术链、服务链和创新链的"五链融合",进而全面提升特色产业的内生动力,提升区域整体竞争力。

3. 建立"顶层设计+基层探索"模式

特色小镇的发展模式是在一定的外部环境及内部因素共同作用下形成的特有的发展方式。特色小镇的建设模式可以直接借鉴的案例不多。相比国内外比较成熟的特色小镇发展模式,四川省的特色小镇发展还处于初步探索阶段。因此,在建设培育发展过程中要努力实现政府和企业之间的互联互通,要将自上而下的顶层设计与自下而上的基层探索结合起来。既要充分发挥市场在资源配置中的决定性作用,也要有效发挥政府的引导作用,做好在理念、目标、路径、组织上的顶层设计。既要为政策制定提供有益并有针对性的意见和建议,也要为特色小镇的实践提供有可操作性的政策指导,特色小镇建设要融制度创新与制度供给为一体。因此,只有探索适合四川省当地各种类型特色小镇的发展模式,加快资本、技术、组织等生产要素支撑和体制机制创新,才能保障特色小镇的和谐健康发展。

(二)发展定位

1. 产业形态定位要精准

特色小镇发展的核心支撑是产业,因此产业定位一定要精准,具有鲜明

的特色，主导产业突出，力求特色化、专业化和高端化。这就要依据区位产业的基础找到比较优势，根据资源要素禀赋打造特色产业的核心竞争力，推动特色小镇成为集聚核心产业或产业链核心环节的重要平台。

2. 空间布局定位要协调

小镇的空间布局要和周边自然环境相互协调。将特有的集自然风光、历史传承、文化底蕴、风土人情、生活习俗等于一体的特色资源进行空间、形式、内容的进一步凝聚和融合，在人口数量与分布、空间结构与利用等方面进行科学设计，打造具有浓郁特色的多种类型小镇。深入践行共享理念，动员广大群众参与特色小镇的建设实践，充分发挥特色小镇的社会效益，增加就业机会和居民收入，全面提升特色小镇居民的获得感与幸福感。

3. 文化定位要辨识度高

文化是各种特色小镇不可或缺的要素。要高度重视文化建设，促进产业与文化融合，全面提高特色小镇的宜居宜业宜游，充分挖掘、传承、创新当地人文特色与底蕴。只有传统文化得到充分挖掘、组织和记录，历史文化遗存才能得到更好的保护与利用，从而树立独特的文化标识。还要以特色文化资源为基石，加强文化与小镇的深度融合。少数民族地区更具有明显的后发优势，具有打造特色小镇的文化资源基础。依托民族文化塑造特色小镇品牌，是西部地区特别是四川省目前可行性较强的路径模式。

4. 功能定位要协同发展

四川省的特色小镇大多在城乡交界或新城新区，是生产要素最活跃、发展活力最强劲的区域。以特色产业为核心，兼顾特色文化、特色功能和特色建筑，可通过"产业园区化—园区城镇化—小城镇现代化—产城一体化—产城融合"的成长路径，实现产业与城镇的匹配和融合发展，依靠创新驱动引领产业转型升级。

（三）支撑体系

1. 产业支撑

产业是特色小镇发展的重要支撑，需要积极构建特色产业体系。特色小镇要在既有产业基础上寻找产业升级和转型的突破口，促进存量产业"有中生新"。充分挖掘原有产业的功能，促进产业活力重新释放。以数字经济和互联网为主要内容的"新经济"具有集成创新、跨界融合的特征，特色小镇建设还要利用"互联网＋"等新兴方式改变传统产业。围绕科技创新发力，促进技术创新成果的产业化，构筑创新高地。

2. 人才支撑

只有优秀人才的大量集聚，才能支撑特色小镇产业发展，进而营造高品质的城镇生活新氛围。因此，特色小镇在以特色产业导入大量就业岗位和集聚大批中高级人才的同时，要在"以人为本"的理念指引下，推进生活、生产、生态"三生融合"。特色小镇还要关注人居环境品质的提升，打造吸引并留住优秀人才的空间环境。

3. 土地支撑

土地是特色小镇建设的基础支撑要素。坚持节约集约用地原则，着力提高现有土地使用效率。特色小镇对空间选择的要求较高，都需要保护自然环境，改善城镇设施和公共服务。例如，农业小镇需要增加公共基础设施和公共服务建设，推动土地利用向集约化、多样化和多功能化的方向演进。工业制造型小镇可以通过盘活原有的工业用地，将原来未运营或者运营效率不高的工业用地进行重新规划、转型升级、集约使用，降低工业用地规模，增加旅游和商业用地，改善用地结构。旅游型小镇则需要在不过度开发土地的前提下，增加旅游设施和公共空间用地，实现居住与产业融合、开发与生活融合。

4. 政策支撑

政策支撑是特色小镇建设的制度保障。为保障特色小镇高质量运营，政府要从用地、财政、金融、人才等几方面为特色小镇建设提供政策支持。在省级统筹推动基础上，各地相继发布细化措施促进特色小镇落地与运营。从各地区的具体实践过程来看，要从建立协调发展机制、落实主体责任、加强动态监测、实施重点扶持等多个方面加快落实。

5. 资金支撑

资金支撑是特色小镇成长的必要条件，小镇自身可以使用的政策工具和资金支持相对有限，但由于建设特色小镇的约束条件较多，社会资本很难进入。随着"政府主导、市场化运作"进一步落实，需要创新投融资模式，逐渐引入民间资本，多元化融资渠道成为土地开发的主要方向。要保持特色小镇产城融合、自然与环境融合，以及各方面的统一协调，就需要开发商对城市规划、城镇设计、土地一级二级开发，以及商业招商、产业配套服务、公共服务和商务服务，甚至其他社会服务等进行"一揽子"承包。因此，要有大量综合运营资金保证特色小镇的成功。

6. 运营支撑

目前较多的特色小镇是政府主导、市场运作、企业为主、社会参与的运营发展模式。在特色小镇的建设初期，大多依靠政府来主导基础设施和重要公共服务设施建设；在建设的中后期，充分以市场化运作方法引入民营资本，结合PPP模式建设经营性设施，为特色小镇的可持续建设提供运营保障。逐渐建立了"政府—管委会—平台公司"特色小镇三级运营结构，三者在运营体系中各司其职。在特色小镇的培育过程中，政府的职能定位和观念应适度调整，处理好管理与服务间的关系。管委会承担好落实政策和提供服务的职责，通过选择某一行业内具有实力的龙头核心企业或终端品牌企业担任平台公司。

五 推进四川省特色小镇建设的建议

（一）因地制宜，建立不同的发展模式

特色小镇是关系全省城乡协调发展、破解城乡二元结构的创新，也是新型城镇化建设道路的积极探索。根据四川省特色小镇的发展现状，建议因地制宜采用不同方式建设特色小镇。一是继续深入推进现代农业特色小镇建设。深挖农业大省的优势，积极实施新型农业发展方式，以农业为基础，配套教育、医疗和娱乐等设施进行开发，不断延伸农业产业链，适度发展现代

农产品精深加工，做好农业技术的导入和运营管理，建设带动农业、服务农村、促进农民增收的特色小镇。二是大力建设以"工"兴镇。依托传统工业园区和产业园区，积极承接大城市的产业转移，形成特色工业小镇。三是全面建设旅游休闲特色小镇。充分利用全省山川秀丽、民族风情浓郁的各种文旅资源，积极发展各种类型的旅游特色小镇。四是积极培育双创特色小镇。在全省范围内选取一些具有鲜明工业基础的小镇，依托资源禀赋，逐步培育成信息技术、生物医药、节能环保、智能制造等高新技术特色小镇，做好平台搭建，提供产业配套服务。充分发挥高新技术对全省经济的带动作用，以实现产业倍增和质量升级。

（二）市场为主，坚持企业的主体地位

特色小镇建设不能由政府大包大揽，而应该在政府的引导下坚持市场化运作，充分发挥企业的主体作用。一方面，在特色小镇建设过程中，要理清政府与市场的边界。政府要在规划方案编制、基础设施建设、资源要素保障、文化内涵挖掘、生态环境保护等方面发挥重要作用，为各类企业努力营造扶商、安商、惠商的良好发展环境。同时，各级政府要根据特色小镇的发展定位、产业布局和政策需求，不断创新制度供给的理念和方法，尽量为特色小镇建设提供定制扶持的政策与服务。另一方面，鼓励社会力量积极参与特色小镇建设。调动社会各方面参与特色小镇建设的积极性与创新性，最大限度地激发市场主体活力和企业家创造力，共同研究特色小镇的产业发展方向。

（三）创新理念，聚集优势特色资源

在特色小镇建设过程中，理念的创新尤其关键。按照政府引导、市场运作和企业参与的原则，进一步加强特色小镇建设的规划引导作用、产业培育工作和要素保障功能。深入挖掘当地的特色资源和优势资源，形成特色创新。[①] 特色小镇的建设实质上是一项涉及社会经济众多要素的项目工程，不

[①] 陶雯、赵中星、李家勋：《新的发展理念下特色小镇建设浅析》，《时代经贸》2017 年第 5 期。

仅要保持小镇里显著的区域特色、产业特色、文化特色，更要有和谐共生的发展理念，注重产业之间的协同发展、人与人之间的协调发展以及人与自然之间的和谐发展。

（四）突出特色，打造"三生"融合空间

特色是小镇的核心元素，这个"特"体现在小镇的产业特色、生态特色、人文特色和功能特色等各个方面。一是彰显产业特色。在建设特色小镇的过程中要特别注意与其他小镇的差异定位、细分领域和错位发展。二是彰显生态特色。坚持生态优先，坚守生态良好底线，高度重视生产、生活、生态的融合发展。三是彰显人文特色。要将文化基因植入特色小镇的产业发展和生态建设，并根据当地的实际情况，努力延续历史文化根脉、培养创新文化、营造独特的景观文化。四是彰显功能特色。各个地区要科学规划特色小镇的生产、生活和生态空间，促进特色小镇产城人文的高度融合发展，努力营造宜居宜业的良好环境，提高集聚人口能力，完善公共服务，进而增进人民群众的获得感与幸福感。

参考文献

陈炎兵、姚永玲：《特色小镇——中国城镇化创新之路》，人民出版社、中国致公出版社，2017。

张合军、大林、陈放等：《中国特色小镇发展报告2017》，中国发展出版社，2017。

文丹枫、朱建良、眭文娟：《特色小镇理论与案例》，经济管理出版社，2017。

邱玥、陈恒：《特色小镇建设，如何不违初衷》，《光明日报》2017年1月24日。

李强：《特色小镇是浙江创新发展的战略选择》，《中国经贸导刊》2016年第4期。

林玮：《特色小镇建构的四种理论形态：发生、阶段、类型与功能》，《中共杭州市委党校学报》2017年第6期。

盛世豪、张伟明：《特色小镇：一种产业空间组织形式》，《浙江社会科学》2016年第3期。

周莉雅、李晓清：《江苏特色小镇创建的思考与启示》，《中国经贸导刊》2017年第

5 期。

周鲁耀、周功满：《从开发区到特色小镇：区域开发模式的新变化》，《城市发展研究》2017 年第 1 期。

孙超英、赵芮：《推进四川特色小镇建设的若干思考——基于四川发展特色小镇的 SWOT 分析》，《中共四川省委党校学报》2016 年第 9 期。

宋眉：《新型城镇化和特色小镇建设中的传统文化资源》，《浙江科技学院学报》2017 年第 8 期。

朱建江：《城乡一体化视角下的上海特色小镇建设》，《科学发展》2017 年第 11 期。

B.9
四川省基本公共服务城乡差距测度

张 霞[*]

摘　要：　本文通过构建城乡基本公共服务指标体系，运用城乡协调度模型和障碍度模型对四川基本公共服务城乡绩效差距和城乡协调程度进行综合测评，认为2008～2017年四川基本公共服务城乡绩效差距总体逐渐缩小，义务教育等四个分项分别呈现不同的差距缩小轨迹；同时，义务教育和医疗卫生对缩小城乡基本公共服务差距来说是重要的障碍性因素，基础设施次之，最后是社会保障因素。从全省整体来看，基本公共服务城乡差距进入协调性较高的一个阶段，但是义务教育和医疗卫生仍然是缩小城乡差距最大的障碍和短板。

关键词：　城乡差距　基本公共服务　差距测度

　　四川省地处我国西部，是农业大省和人口大省，也是区域发展不平衡、不充分的典型，又有多民族共同生活，在某种程度上可以看作全国的一个缩影。尽管西部大开发以来，四川经济社会发展发生了翻天覆地的变化，但城乡间存在的巨大差距仍然不可忽视。2018年末，四川城镇化率为52.29%，农村居民人均可支配收入为13331元，城镇居民人均可支配收入为33216

---

* 张霞，博士，四川省社会科学院区域经济与城市发展研究所副研究员，主要研究方向为区域经济、公共管理。

元，城乡居民收入比为 2.5∶1，城乡恩格尔系数分别为 31.8% 和 35.2%。[①]
与全国 2.7∶1 的城乡居民收入比相比，四川的确在缩小收入差距方面做了
努力。但与全国 27.7% 和 30.1% 的城乡恩格尔系数相比，四川在缩小城
乡差距的质量方面仍需下功夫，如教育、医疗、社保及基础设施等基本公
共服务领域。基于此，通过准确测度四川基本公共服务城乡差距的表征并
剖析其消除差异存在的困境就显得非常有必要，对建立健全符合四川省实
际省情、城乡融合的基本公共服务制度，推进城乡基本公共服务均等化具
有重要的现实意义。

一　四川城乡基本公共服务均等化评价

在国家城乡二元结构的大背景下，四川城乡基本公共服务制度演变与全
国一致，经历了三个阶段，即城乡基本公共服务制度二元结构形成及固化阶
段（1949～1978 年）、城乡基本公共服务制度二元结构延续及松动阶段
（1978～2003 年）、城乡公共服务统筹推进与融合发展阶段（2003 年至今）。
但作为地处西部且区域发展不平衡的省份，四川在遵循国家统一制度安排的
前提下推动城乡基本公共服务发展、缩小城乡差距时，势必考量区域发展特
色、人口分布特征及多民族发展需求等实际。

（一）指标体系构建及权重确定

本文运用 PCDA 法在兼顾数据可获得性的基础上，选取了义务教育、医
疗卫生、社会保障和基础设施四个维度分别形成农村基本公共服务指标体系
和城市基本公共服务指标体系。

在确定权重时，为了更进一步准确获得评价指标体系的权重进而得以较
为准确地对城乡基本公共服务均等化做出评价，本文采取了主观赋权法和客

---

① 参见《四川统计年鉴 2019》。

观赋权法综合获取最终权重，并取偏好系数：

$$W_j = \alpha W_j^1 + \beta W_j^2 (\alpha = \beta = 0.5) \quad (1)$$

式（1）中，W_j^1 表示 AHP 分析法计算得到的权重，W_j^2 表示熵值法计算得到的权重。经过综合赋权后得到的最终权重见表1。

表1 城乡基本公共服务评价指标体系及权重

目标层	准则层（权重）	具体指标	权重
农村基本公共服务综合指数	义务教育（0.3112）	农村小学生师比	0.2144
		每十万人拥有农村小学专任教师数（人）	0.2853
		农村普通初中生师比	0.2167
		每十万人拥有农村初中专任教师数（人）	0.2836
	医疗卫生（0.2636）	农村居民家庭人均医疗保健消费支出（元）	0.3841
		农村每千人口执业（助理）医师（人）	0.3711
		农村每千人口医疗卫生机构床位数（张）	0.2449
	社会保障（0.2117）	农村人均新型农村合作医疗年度筹资总额（元）	0.6300
		农村居民最低生活保障人数占农村常住人口比重（%）	0.3699
	基础设施（0.2135）	农村人均农村固定资产投资额（元）	0.6349
		每十万人农村固定电话用户数（万户）	0.3650
城市基本公共服务综合指数	义务教育（0.3149）	城市小学生师比	0.2261
		每十万人拥有城市小学专任教师数（人）	0.2804
		农村普通初中生师比	0.2106
		每十万人拥有城市普通初中专任教师数（人）	0.2828
	医疗卫生（0.2754）	城镇居民家庭人均医疗保健支出（元）	0.3733
		城市每千人口执业（助理）医师（人）	0.3383
		城市每千人口医疗卫生机构床位数（张）	0.2882
	社会保障（0.1958）	城市人均城镇基本医疗保险基金支出（万元）	0.6632
		城镇居民最低生活保障人数占城市常住人口比重（%）	0.3367
	基础设施（0.2140）	城镇人均固定资产投资额（元）	0.6265
		每十万人城市固定电话用户数（万户）	0.3735

（二）数据来源及数据处理

本文计算所参考的原始数据来自 2009～2018 年《中国统计年鉴》《中国卫生统计年鉴》《中国教育经费统计年鉴》《中国民政年鉴》等。需要说明的是，在查找数据时发现部分省份某些年度的数据缺失，考虑到数据连贯性，本文采用了用相同增长率处理缺失数据的办法。这种情况主要出现在义务教育的部分指标中。

因各指标的量纲和数量级都存在差异，须对各指标进行标准化处理来去除量纲差异对评价结果的影响，并进行正向、负向指标计算。由于所选取指标均为正向指标，故只需要用公式（2）进行标准化处理：

$$X_{ij} = \frac{x_{ij} - \min\{X_{ij}\}}{\max\{X_j\} - \min\{X_j\}} \tag{2}$$

其中，X_{ij} 为标准化值，x_{ij} 为第 j 项指标值，$\max\{X_j\}$ 为第 j 项指标的最大值，$\min\{X_j\}$ 为第 j 项指标的最小值。

（三）均等化程度结果分析

将变异系数（Coeffcient of Variation）作为城乡基本公共服务均等化指数，变异系数计算见公式（3）：

$$e_i = s_i / \bar{y}_i \tag{3}$$

其中，e_i 代表城乡基本公共服务均等化指数，s_i 代表第 i 年城乡基本公共服务均等化指数的标准差，$\bar{y}_i$ 代表第 i 年的城乡基本公共服务指数的平均值。e_i 值越大，代表城乡基本公共服务越不均等；反之则代表城乡基本公共服务越均等。

通过计算可知，2008～2017 年四川城乡基本公共服务变异系数整体呈下降趋势，从 2008 年的 0.4176 下降到 2017 年的 0.0127，说明经过 10 年努力，城乡基本公共服务均等化程度有了非常明显的改善。具体来看 2008～2017 年的变异系数变动情况，又呈现明显的高低起伏变化，大致可以分为三个阶段。第一阶段，2008～2011 年 e_i 值由大变小，尤其是 2011 年，e_i 值可以说小到几乎可以忽略不计，说明城乡基本公共服务均等化程度在这一阶段获得了长足的进步。第二阶段，2012～2014 年 e_i 值逐渐增大，在 2014 年达到一个小峰值，但是与 2008 年的 0.4176 相比，仍然比较低，说明这一阶段城乡基本公共服务非均等化程度有所反弹，但并未反弹到 2008 年水平，可见事实上城乡基本公共服务均等化有实质性的推进。第三阶段，2015～2017 年 e_i 值呈下降趋势，2017 年到达新低点，说明自 2015 年之后，在脱贫攻坚、乡村振兴等战略措施下，四川农村基本公共服务获得了前所未有的发展，与城市基本公共服务的水平差距有了较为明显的缩小。

运用同样的方法，分别计算 2008～2017 年城乡义务教育、医疗卫生、社会保障和基础设施四个分项的变异系数（见图 1、表 2）。四个分项的变异系数变化各有不同，均等化最为稳定的当属基础设施领域，变异系数在 2008 年就是四项当中的最低，到了 2017 年仍然是四项当中最低的，且在 10 年间起伏变化不大，说明四川在优化城乡医疗卫生资源配置中做出的努力颇见成效。城乡义务教育均等化方面，e_i 值从 2008 年出现了"断崖式"下降，到 2010 年达到 2008～2017 年的最小值，往后至 2017 年尽管其间略

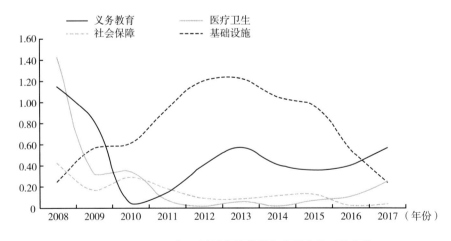

图 1　2008～2017 年四川城乡公共服务分项变异系数变化

有反复，但并不影响均等化程度逐渐提高的趋势。城乡社会保障均等化变化趋势与城乡义务教育类似，略微不同的是，2008 年城乡社会保障变异系数是四个分项中最大的，2009 年建立覆盖城乡的社会保障体系，2009 年之后变异系数大幅下降。城乡基础设施均等化是四个分项中变化幅度最为明显的，其变化经历了"低—高—低"的轨迹，2008～2013 年均等化程度下降，2013～2017 年均等化程度逐渐提高。

表 2　2008～2017 年四川城乡基本公共服务变异系数

年份	义务教育	医疗卫生	社会保障	基础设施
2008	1.14	0.42	1.41	0.24
2009	0.83	0.16	0.32	0.56
2010	0.04	0.28	0.34	0.60
2011	0.14	0.18	0.07	0.93
2012	0.40	0.09	0.01	1.19
2013	0.57	0.08	0.05	1.22
2014	0.41	0.11	0.01	1.05
2015	0.35	0.12	0.06	0.97
2016	0.40	0.02	0.10	0.55
2017	0.56	0.03	0.25	0.23

二　四川城乡基本公共服务绩效差距测度

运用前文构建的四川城乡基本公共服务均等化评价指标体系和根据前文综合赋权法所得到的城乡基本公共服务变异系数，分别计算得到城市、农村基本公共服务综合评价指数，计算公式如下：

$$Z_i = \sum_{i=1}^{m} \sum_{j=1}^{n} X'_{ij} \cdot \omega_j \qquad (4)$$

式（4）中，Z_i 为第 i 年基本公共服务综合评价指数；X'_{ij} 为第 i 年第 j 个指标的取值，ω_j 为第 j 个指标的综合赋权，n 代表评价年份，m 代表评价指标个数。

（一）总体绩效差距逐渐缩小

运用公式（4）计算得出 2008～2017 年四川城乡基本公共服务综合指数以及城市和农村基本公共服务指数（见表 3 和图 2）。总体来看，2008～2017 年四川城乡基本公共服务综合指数呈逐年上升趋势，从 2008 年的 0.1160 增长到 2017 年的 0.3829，年均增幅为 14.19%。城市和农村基本公共服务指数呈现趋同性增长，说明城市和农村基本公共水平不仅在提高，而且两者间差距也在逐渐缩小。2008～2017 年，城市与农村基本公共服务差距已经由 0.0342 缩小到 0.0035。其中，2008～2011 年差距最明显，2011～2012 年差距几乎不存在，2013～2015 差距又开始出现，2016～2017 年差距开始缩小。理性地来看待两个时间段城乡差距缩小的原因，2011～2013 年是四川经历了"5·12"汶川大地震后进行重建，其中民生领域的重建是重头戏，在教育、医疗等基本公共服务方面的投入增加加速了城乡基本公共服务水平的提高；2016～2017 年更多的可以归结为脱贫攻坚、乡村振兴等战略的实施，特别是 2017 年十九大召开后，城乡进入融合发展阶段，为城乡基本公共服务进一步发展提供了强大的政策支持。

表 3 2008～2017 年四川城乡基本公共服务指数

年份	综合指数	城市基本公共服务指数	农村基本公共服务指数	城市与农村差距
2008	0.1160	0.0409	0.0751	0.0342
2009	0.1330	0.0484	0.0846	0.0362
2010	0.1968	0.0824	0.1144	0.032
2011	0.2002	0.1008	0.0994	0.0014
2012	0.2275	0.1166	0.1109	0.0057
2013	0.2599	0.1387	0.1212	0.0175
2014	0.3062	0.1739	0.1323	0.0416
2015	0.3218	0.1686	0.1532	0.0154
2016	0.3405	0.1748	0.1657	0.0091
2017	0.3829	0.1897	0.1932	0.0035

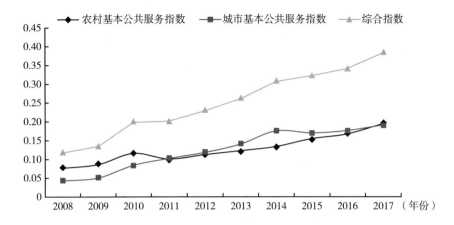

图2 2008~2017年四川城乡基本公共服务指数走势

进一步来看2008~2017年四川城市基本公共服务指数和农村基本公共服务指数的变动情况，2008~2010年农村基本公共服务指数高于城市基本公共服务指数，2011~2016年城市基本公共服务指数高于农村基本公共服务指数。从原因来看，"5·12"汶川大地震灾区基本在农村，所以重建对农村基本公共服务水平有显著的拉升作用。但是当灾后重建项目陆续完成后，城乡基本公共服务资源配置趋于正常，"城市强、农村弱"的基本公共服务水平格局重新确立。从2008~2017年变动情况来看，城市基本公共服务指数和农村基本公共服务指数年均增长率分别为18.59%和11.07%，农村在2010年、2015年和2017年的同比增长幅度较为明显，城市在2010年、2013年和2014年的同比增长幅度较高（见表4）。2017年为历年城乡差距最小的年份。

表4 2008~2017年四川城市和农村基本公共服务指数同比增幅

单位：%

年份	城市基本公共服务指数同比增长	农村基本公共服务指数同比增长
2008	—	—
2009	18.34	12.65
2010	70.25	35.22
2011	22.33	−13.11

续表

年份	城市基本公共服务指数同比增长	农村基本公共服务指数同比增长
2012	15.67	11.57
2013	18.95	9.29
2014	25.38	9.16
2015	-3.05	15.80
2016	3.68	8.16
2017	8.52	16.60

（二）义务教育城乡差距在变动中缩小

从表5可知，义务教育指数在2008～2010年是农村高于城市，2011～2017年是城市高于农村，且2010～2014年城乡义务教育指数差距呈缩小的趋势，2015～2017年城乡差距又呈扩大趋势。究其原因，其一，随着人口自然增长率的明显下降，学龄人口绝对数自然表现为逐年减少，那么围绕受教育人口所配置的公共资源必然有所下降；其二，随着新型城镇化的不断深化，人口流动规模和频率较之以往更加深入，必然带来的结果就是围绕受教育人口配置的公共教育资源在城市中增加而在农村中减少。

表5　2008～2017年四川城乡义务教育指数

年份	城市义务教育	农村义务教育
2008	0.0339	0.3112
2009	0.0519	0.1987
2010	0.1590	0.1693
2011	0.1735	0.1427
2012	0.1828	0.1028
2013	0.2018	0.0865
2014	0.1456	0.0804
2015	0.2315	0.1397
2016	0.2525	0.1413
2017	0.3149	0.1355

（三）基本医疗城乡差距交替缩小

从表6和图3可知，2008~2009年城乡医疗卫生指数几乎相当，且农村略高于城市；2009~2012年城乡医疗卫生指数差距开始增大，且明显表现出城市高于农村；2013~2015年城乡医疗卫生指数表现出明显的农村高于城市；2016~2017年城乡医疗卫生指数差距再次缩小。四川对农村医疗卫生资源配置产生了较为明显的倾斜，农村医疗卫生水平显著提升。此外，总体来看，城市医疗卫生指数变化相对平稳，农村医疗卫生指数变化幅度较大，体现了农村医疗卫生对政策的敏感性，政策投入力度越大、倾斜性越强，农村医疗卫生水平越会有明显的提升。

表6 2008~2017年四川城乡医疗卫生指数

年份	城市医疗卫生	农村医疗卫生
2008	0.0087	0.0160
2009	0.0241	0.0304
2010	0.0837	0.0558
2011	0.1155	0.0898
2012	0.1411	0.1251
2013	0.1617	0.1800
2014	0.1893	0.2209
2015	0.2084	0.2479
2016	0.2338	0.2396
2017	0.2636	0.2753

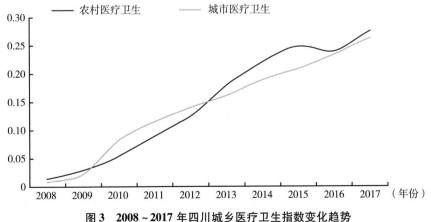

图3 2008~2017年四川城乡医疗卫生指数变化趋势

（四）社会保障城乡差距整体缩小

社会保障方面，城乡整体都呈现较为明显的上升变化。2008～2013年城市社会保障指数和农村社会保障指数均整体呈现增加的变化趋势，相较而言，农村变化相对平缓，城市涨幅更加明显。2006年后国家投入开始向农村倾斜，在一定程度上缩小了农村社会保障水平与城市社会保障水平的差距，因此，农村社会保障指数增长幅度较为明显（见表7）。

表7　2008～2017年四川城乡社会保障指数

年份	城市社会保障	农村社会保障
2008	0.0000	0.0629
2009	0.0525	0.0838
2010	0.0587	0.0960
2011	0.1084	0.1202
2012	0.1330	0.1313
2013	0.1517	0.1407
2014	0.1537	0.1562
2015	0.1520	0.1403
2016	0.1255	0.1448
2017	0.1490	0.1049

（五）基础设施城乡差距动荡缩小

城市基础设施指数整体稳步提高，而农村基础设施指数起伏变化较大。农村基础设施指数增幅最明显的时期是2008～2010年灾后重建时期。2011年以后，农村基础设施指数回落到正常区间，与城市基础设施指数出现显著差距。2011～2015年，城市基础设施指数的增幅高于农村，城市与农村在基础设施建设方面的差距逐渐增大（见表8和图4）。一方面，新型城镇化的建设使城市需要有更多基础设施来服务不断增多的城市人口；另一方面，农村新建基础设施使用率不高的问题日趋严重。2016～2017年，城乡基础设施水平差距呈缩小趋势，得益于四川在脱贫攻坚、民生工程、基础设施提升工程等方面付出的努力。

表8　2008～2017年四川城乡基础指数

年份	城市基础设施	农村基础设施
2008	0.0799	0.0565
2009	0.0734	0.1686
2010	0.0615	0.1529
2011	0.0758	0.0158
2012	0.0842	0.0071
2013	0.0951	0.0070
2014	0.1015	0.0152
2015	0.1082	0.0204
2016	0.1235	0.0542
2017	0.1369	0.0982

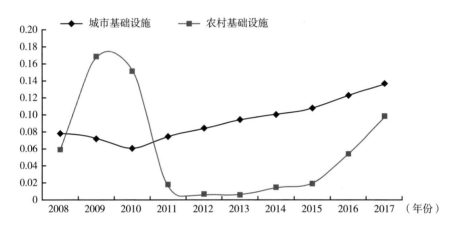

图4　2008～2017年四川城乡基础设施指数变化趋势

三　四川城乡基本公共服务协调度测度

城乡协调发展的过程从根本上说就是不断缩小直至完全消灭城乡差距的过程，关键在农村，其实质是区域内城乡要素优化组合、城乡协调度日益提高的地域社会经济过程。

（一）基本公共服务城乡协调性趋优

张竟竟等指出，城乡区域系统是由城市子系统和农村子系统组成的，通

过人流、物质流、资金流、信息流等实现相互交流。① 按照该逻辑，对城乡基本公共服务均等化的研究可从城乡两个子系统的协调入手，采用耦合协调度模型，对城乡基本公共服务协调发展情况进行分析。

耦合协调度模型表达公式如下：

$$C = \left\{ \frac{f(x) \times g(y)}{\left[\frac{f(x) + g(y)}{2} \right]^2} \right\}^k \tag{5}$$

式（5）中，C 为协调度，$0 \leqslant C \leqslant 1$，且 C 值越接近 1 代表协调度越好。$f(x)$ 表示农村基本公共服务发展综合指数［见公式（6）］；$g(y)$ 表示城市基本公共服务发展综合指数［见公式（7）］；K 为调节系数，$K \geqslant 2$，此处选择 $K = 2$。

$$f(x) = \sum_{i=1}^{m} a_i x_i \tag{6}$$

$$g(y) = \sum_{i=1}^{n} b_i y_i \tag{7}$$

通过计算得到农村基本公共服务发展综合指数、城市基本公共服务发展综合指数，以及全国城乡基本公共服务协调度 C，具体数值见表9。

表9 2008～2017 年四川城乡基本公共服务综合指数和协调度

年份	2008	2009	2010	2011	2012	2013	2014	2015	2016	2017
农村基本公共服务综合指数 $f(x)$	0.1022	0.1546	0.1414	0.1167	0.1114	0.1122	0.1167	0.1357	0.1416	0.1595
城市基本公共服务综合指数 $g(y)$	0.0442	0.0943	0.1156	0.1342	0.1447	0.1621	0.1613	0.1874	0.2043	0.2242
城乡基本公共服务协调度 C	0.7105	0.8859	0.9799	0.9903	0.9665	0.9349	0.9491	0.9495	0.9355	0.9440

---

① 张竟竟、陈正江、杨德刚：《城乡协调度评价模型构建及应用》，《干旱区资源与环境》2007 年第 2 期。

由图 5 知，2008 ~ 2017 年四川城乡基本公共服务协调度整体处于较高水平，从 2008 年的 0.7105 增长到 2017 年的 0.944。具体来看，2008 年协调度 C 值最小，应与我国自 2006 年开始关注基本公共服务均等化有关。在此之前，城乡基本公共服务差距大主要是因为新中国成立以来二元城乡结构的不断固化。自 2008 年起，城乡基本公共服务协调情况产生显著变化，得益于国家开始关注城乡基本公共服务差距问题，并积极进行政策引导。2006 ~ 2010 年"十二五"期间，我国城乡基本公共服务差距逐渐缩小。从 2011 年开始，协调度 C 值整体上逐渐变小，城乡基本公共服务差距逐渐拉大，这一现象值得关注。

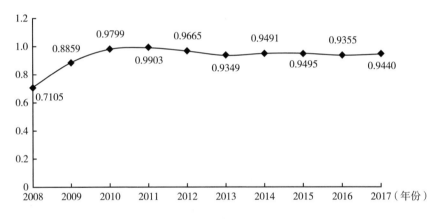

图 5 2008 ~ 2017 年四川城乡基本公共服务协调度

为了进一步反映城乡基本公共服务协调发展的情况，可利用 C、$f(x)$、$g(y)$ 构造协调发展度函数，以衡量城乡基本公共服务发展的协调程度。

$$D = \sqrt{C \times T} \tag{8}$$

$$T = \alpha f(x) + \beta g(y) \tag{9}$$

式（8）中，D 为协调发展指数，C 为协调度，T 为城乡公共服务协调发展综合评价指数。式（9）中，α、β 为待定权重，鉴于城市和乡村基本公共服务发展具有同等重要的地位，选取 $\alpha = \beta = 0.5$，计算所得 2008 ~ 2017 年协调发展指数见表 10。

表10 2008~2017年四川城乡基本公共服务协调发展指数

年份	2008	2009	2010	2011	2012	2013	2014	2015	2016	2017
协调发展指数	0.2599	0.5513	0.6297	0.6211	0.6187	0.6410	0.6595	0.7669	0.8090	0.9055

从城乡基本公共服务协调发展指数 D 值来看，从2008年的0.2599增加到2017年的0.9055（见图6），说明城乡基本公共服务差距逐渐变小，即城乡基本公共服务均等化程度趋好。

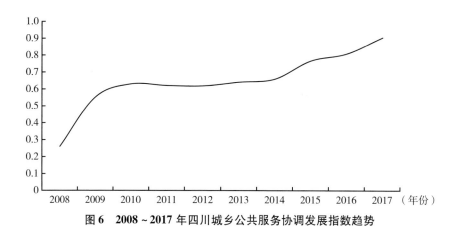

图6 2008~2017年四川城乡公共服务协调发展指数趋势

进一步地，如果将 D 值区间 [0，1] 细分为 [0，0.25)、[0.25，0.50)、[0.50，0.75)、[0.75，1] 四个区间，并分别定义为协调度差、协调度一般、协调度良好、协调度好，那么2008年四川城乡基本公共服务协调度处于"一般"的区间，2009~2014年四川城乡基本公共服务协调度处于"良好"区间，2015~2017年四川城乡基本公共服务协调度处于"好"的区间。

（二）教育和医疗依旧是障碍性因素

马晓冬等采用障碍度模型测度城乡基本公共服务的发展差距。① 障碍度

---

① 马晓冬、沈正平、宋潇君:《江苏省城乡公共服务差距及其障碍因素分析》,《人文地理》2014年第1期。

模型通过"因子贡献度""指标偏离度""障碍度"3 个变量进行表达。因子贡献度 R_i 表示单因素指标对总体目标的影响程度，即单因素指标对总目标的权重；指标偏离度 P_{ij} 是单向指标与城乡公共服务协调值之间的偏离差距，由于农村与城市公共服务水平的比值有可能大于 1，因此用绝对值表示；障碍度 A_{ij} 作为障碍诊断的目标和结果，表示单项因素对城乡公共服务发展差距的影响值。

其计算公式如下：

$$R_{ij} = r_j w_{ij} \tag{10}$$

$$P_{ij} = |\ 1 - X_{ij}\ | \tag{11}$$

$$A_{ij} = \frac{P_{ij} \times R_{ij}}{\sum\limits_{j=1}^{n} (P_{ij} \times R_{ij})} \times 100\% \tag{12}$$

$$U_i = \sum_{j=1}^{n} A_{ij} \tag{13}$$

式（10）（11）（12）（13）中，W_{ij} 表示第 j 项分类指标所属的第 i 项指标的权重，r_j 表示第 j 项分类指标的权重，X_{ij} 为各单项指标值，U_i 表示第 i 项分类服务的障碍度。

通过对维度指标的障碍度测度分析，发现 2008～2017 年影响四川城乡基本公共服务协调发展的障碍因素相对稳定：义务教育和医疗卫生对缩小城乡基本公共服务差距来说是重要的障碍性因素，基础设施次之，最后是社会保障因素（见表 11）。

表 11　2008～2017 年四川城乡基本公共服务障碍度

单位：%

	指标类别	2008 年	2009 年	2010 年	2011 年	2012 年
农村基本公共服务均等化	义务教育	12. 67	14. 80	14. 39	14. 64	14. 61
	医疗卫生	13. 92	13. 73	13. 44	13. 23	12. 85
	社会保障	11. 28	10. 88	11. 16	10. 86	10. 53
	基础设施	10. 73	9. 48	10. 06	11. 92	12. 03

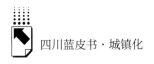

续表

	指标类别	2008 年	2009 年	2010 年	2011 年	2012 年
城市基本公共 服务均等化	义务教育	16.74	16.66	15.41	15.60	15.38
	医疗卫生	14.43	14.25	14.47	14.22	13.67
	社会保障	9.74	9.60	9.90	9.88	9.80
	基础设施	10.49	10.59	11.17	11.22	11.12
	指标类别	2013 年	2014 年	2015 年	2016 年	2017 年
农村基本公共 服务均等化	义务教育	14.93	15.44	14.65	14.83	15.15
	医疗卫生	12.78	12.73	12.56	12.28	12.14
	社会保障	10.46	10.63	10.62	10.84	10.74
	基础设施	12.26	12.53	12.59	12.28	12.04
城市基本公共 服务均等化	义务教育	15.39	14.41	15.36	15.39	14.93
	医疗卫生	13.06	12.78	12.47	12.74	12.48
	社会保障	9.91	10.02	10.27	10.24	10.96
	基础设施	11.20	11.46	11.49	11.41	11.55

通过构建我国城乡基本公共服务指标体系，运用城乡协调度模型和障碍度模型对四川基本公共服务城乡差距和城乡协调程度进行综合测评可知，2008～2017 年四川城乡基本公共服务差距总体在逐渐缩小，义务教育等四个分项分别呈现不同的差异缩小轨迹；同时，义务教育和医疗卫生对缩小城乡基本公共服务差距来说是重要的障碍性因素，基础设施次之，最后是社会保障因素。据此，我们可以做出如下判断：从全省整体来看，基本公共服务城乡差距进入协调性较高的一个阶段，但是义务教育和医疗卫生仍然是缩小城乡差距最大的障碍和短板。城乡协调发展的过程从根本上说就是不断缩小直至完全消除城乡差距的过程，关键在农村，其实质是区域内城乡要素优化组合、城乡协调度日益提高的过程。

四 进一步缩小四川基本公共服务城乡差距的主要困境

基于前文关于四川城乡基本公共服务发展现状的剖析和城乡基本公共服务差距测度结果，四川在缩小城乡差距、推动城乡基本公共服务均等化方面取得了极为显著的成效。但是也应该理性地看到，由于二元结构未能彻底破解、部分地区城乡发展失衡，缩小城乡公共服务差距依然困难重重。

（一）城乡二元结构亟待破解与新型城乡关系构建仍在探索的困境

城乡二元结构亟待破解，但路径依赖的惯性导致短期内难以彻底扭转。新中国成立初期我国选择实施"城市优先"发展战略，形成了城乡二元结构，将城市与农村发展割裂开来，出现了城市快速发展而农村缓慢发展，甚至停滞不前的发展格局。四川与全国其他地区一样，也采取了这种发展路径，在公共服务的提供方面相应设计了城乡有别的供给体系，最显著的差别就是"城市公共服务资金有政府财政做保障，而农村的公共服务则主要依靠农村和农民自行出资或出力解决"。毫无疑问，城乡二元结构是导致城乡差距的根本原因。① 以成都为例，2007 年成都获批全国统筹城乡综合配套改革试验区，经过"以还权赋能为核心，以经济市场化、管理民主化、社会公平化为取向，以健全现代产权制度、完善基层治理机制和促进城乡基本公共服务均等化"实践探索，已成为四川乃至西部地区城乡基本公共服务差距较小的地区，但差距仍然存在，根本原因仍然是城乡二元结构未能彻底破解，并且可以预见的是短期内也不会出现根本性变化。

构建新型城乡关系是缩小城乡差距的关键，却无法在短期内见到成效，它是一个长期、系统的过程。我国早在 21 世纪初就拉开了调整城乡关系的序幕，从 2007 年提出"城乡统筹"、2010 年提出"城乡一体"、2017 年提出"城乡融合发展"，一步步勾勒出新型城乡关系的内涵。但现实的情况是面对强大的城乡二元结构路径依赖，构建新型城乡关系不可能在短期内实现。

---

① 参见党秀云、马子博《我国城乡基本公共服务均等化的制度困境及改革路径》，《西北大学学报》（哲学社会科学版）2013 年第 6 期；吴根平《城乡一体化发展中基本公共服务均等化的困境与出路》，《农业现代化研究》2014 年第 1 期；孙友祥、柯文昌《城乡基本公共服务均等化：价值、困境与路径》，《中国行政管理》2009 年第 7 期。

（二）公共服务需求量质提升与农村公共服务供给"重硬轻软"的困境

十九大报告指出："中国特色社会主义已经进入新时代，我国社会主要矛盾已经转化为人民日益增长的美好生活需要和不平衡不充分的发展之间的矛盾。"四川虽然地处西部，"人口多、底子薄、发展不充分不均衡"的省情仍然存在，但经过改革开放40多年的发展，城乡发展水平显著提高，尤其是在诸如农村道路、校舍、医院等基础设施方面表现明显。取得这样的成绩，不仅有经济综合实力提升的原因，也受公共服务供给方式偏好效应的影响。

抛开经济发展水平限制的这一因素，公共服务供给"重硬轻软"也造成了现阶段基本公共服务"硬件"基本指标城乡差距显著缩小，"软件"差距没有明显改善的现象。从"硬件"来看，2017年四川农村基础设施中水、电、路、气、房和信息化建设全面提速，全省50286个行政村全部实现村村通电，村文化活动室占行政村总数的82.28%，基本满足了村民的生活需求。但是从更高质量发展的要求来看，农村目前着力进行的"厕所革命""垃圾革命""生活污水处理"三大革命则是进一步改善人居环境的公共服务需求。根据第三次全国农业普查，"我国有行政村59.6万个，有73.9%的村生活垃圾集中处理或部分集中处理，仅有11.9%的村通天然气，17.4%的村生活污水集中处理或部分集中处理，53.5%的村完成或部分完成改厕。据专家测算，农村生活垃圾每年排放量约为1.5亿吨，生活污水排放量约为110亿吨，农村垃圾收集处理率只有35%，农村村庄污水处理率仅为9%"。① 农村公共服务水平较高的成都温江区，2017年农村污水处理率为90%，农村卫生厕所普及率为96%，仍与城区有差距。可见，农村公共服务的硬件供给方面，只是达到了基本水平，如果从质的要求看，与城市的

---

① 《第三次全国农业普查主要数据公报（第一号）》，中国政府网，2017年12月14日，http://www.gov.cn/xinwen/2017-12/14/content_5246817.htm。

差距仍然明显。从软件资源看城乡基本公共服务差距，更令人唏嘘。课题组在调研时发现，省内绝大部分农村、乡镇里，学校、医院、图书馆等基础设施都是建得很好、很漂亮的，硬件配置也是较为齐全的，如学校教室多媒体设备、村卫生室医学检查设备都"配齐"了，但是常出现"不会用、没人用"的情况。农村不缺学校，缺教师；不缺医院，缺医生。

从城乡基本公共服务供给方面来说，农村现阶段以政府为单一主体的公共服务供给模式，大多会走完"决策→买单→执行→监督"的所有过程，对公共服务供给的内容安排、进度掌控、实现程度都做了较为详尽的安排。这种带有预设性质的计划性资源配置模式是否恰当有待商榷，但这种资源配置机制不够灵活、有些呆板是不可规避的事实。这样的供给方式更适合对硬件服务的安排，无法及时回应软件服务的需求，造成了"重硬轻软"供给偏好。在这种供给偏好下设计的供给方式，对硬件服务的负面影响不会太大，毕竟只要资金允许、一体规划，就可以在"量"和"质"两个层面同时实现城乡差距的缩小；对软件服务的负面影响则会较大，特别是无法实现对提供公共服务的"人"的吸引。

（三）需求表达能力城乡差异与公共服务体系优化缺乏靶向的困境

公共服务表达是政府从事公共服务活动的逻辑起点，是政府、民间组织和社会团体提供公共服务的动力源泉。[1] 如果把公共服务的接受者看作商品交易中的顾客，就很容易理解精准了解城乡居民的基本公共服务需求和及时获得来自居民的反馈对公共服务体系优化改进的重要意义。从这个角度来看，一项基本公共服务的有效供给，需要从两端来看，其一是供给方可以做到精准、及时有效供给，其二是居民能够找到合适的渠道表达自己的需求、反馈自己的感受。从现实来看，城乡基本公共服务失衡的原因还在于居民基本公共服务需求表达能力的城乡差异以及需求表达机制不健全。其中，只有将居民的需求及时准确传递到供给方，才会让供给方有机会不断调整和优化

---

① 吴业苗：《城乡公共服务一体化的理论与实践》，社会科学文献出版社，2013，第65页。

公共服务供给体系，从而实现有效供给。

现实中，农村居民的基本公共服务需求表达不及时、不完整、不正规，在某种程度上导致公共服务供给存在缺位、错位和越位的偏差，供给的有效性不高，这也解释了近些年我国对农村基本公共服务投入力度不断加大，却仍然未能有效扭转城乡失衡的局面。相比而论，部分农村居民的知识、文化素质低于城市居民，表达个体需求和利益诉求的能力不足，反馈信息的渠道狭窄，具体表现在以下四点：一是在国家重工轻农、以农业反哺工业、以农村反哺城市的年代，农村居民对公共服务的合理诉求难以得到重视；二是农村居民缺乏权利意识；三是城市居民天生"优势"与农村居民天生"劣势"直接导致农村居民缺乏表达意愿的积极性；四是农村居民表达权益的信息渠道较少，既缺乏表达诉求的个体、群体、团体，又缺乏可以及时反馈信息的渠道，更缺乏双向信息反馈机制。村民由于能力缺失，无法判断和提供对公共服务需求的准确信息。农民对公共服务需求的表达较为冷漠，无法及时准确向供给方传递公共服务体系优化的方向和指引，在一定程度上导致农村公共服务水平的提高受限，最终难以消除城乡差距。

五　进一步缩小四川基本公共服务城乡差距的路径与措施

通过前文对四川城乡基本公共服务均等化评价、城乡基本公共服务绩效差距及城乡基本公共服务协调度、障碍度测度，不难发现城乡差距事实上在显著缩小，而且比上一个十年（1997～2008 年）有了大幅度提升，城乡进入协调度较好的阶段，但发展新阶段产生的新问题也逐渐显现出来，进一步缩小四川城乡基本公共服务差距应从以下四个方面着手努力。

（一）深化户籍制度改革，加快破除城乡二元结构的桎梏

虽然城乡二元结构格局短期内难以彻底扭转，但附着其上的户籍制度有必要首先破冰。加快推进居住证制度全省覆盖，扩大公共服务与居住证挂钩范围。从户籍制度改革来看，早在 2014 年四川省就出台了《四川省进一步

推进户籍制度改革实施方案》（以下简称《方案》），全面放宽除成都市外的大中小城市和建制镇的户籍政策，鼓励人口转移到大中小城市。在成都和乐山试点居住证制度，探索建立健全与居住年限等条件挂钩的基本公共服务提供机制。《方案》指出："居住证持有人享有与当地户籍人口同等的劳动就业、基本公共教育、基本医疗卫生服务、计划生育服务、公共文化服务、证照办理服务等权利。结合随迁子女在当地连续就学年限等情况，持有居住证的人员将逐步享有随迁子女在当地参加中考和高考的资格。"

明确将公共服务供给与居住地联动是对以往户籍制度的弊端进行的有效修正，未来应当从两个方面加以推动。第一，加快推进居住证制度全省全覆盖进程，突破目前只有成都、乐山两市的安排。一方面，放宽户口迁移政策，以合法稳定住所是合法稳定就业登记户口为基本条件，允许农村居民申请登记常住户口，放宽城市城镇购买、自建、继承住房的落户条件，按照"以房管人、人户统一"的原则简化人口登记制度。另一方面，弱化限制条件，如合法稳定住所（含租赁）无面积、金额限制，合法稳定职业的范围涵盖国家机关、企事业单位录用、聘用、签订劳务合同，以及在第二产业、第三产业持有工商营业执照、依法纳税的人员。第二，进一步扩大居住证的公共服务享受范围，并统筹设计其与社区治理事项中的关联性，鼓励流动人口积极主动办理居住证，作为居住证办理的前置条件，即居住登记、就业或居住稳定性，是居住证政策实施的第一步，负责居住证政策实施的各部门要加强宣传形成合力。

（二）以城乡一体化规划推动城乡融合发展机制构建步入快车道

2017年，党的十九大报告首次提出"建立健全城乡融合发展体制机制"，2018年，中央一号文件明确布局了"农村教育、医疗、社会保障及基础设施"等规划内容，2019年，中共中央、国务院出台《建立健全城乡融合发展的体制机制和政策体系的意见》，明确"建立健全有利于城乡基本公共服务普惠共享的体制机制"。在"推动公共服务向农村延伸、社会事项向农村覆盖"的过程中，可以将城乡基本公共服务规划同步化、一体化作为

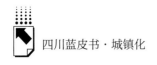

突破口和抓手，"由上至下"推动制度并轨，即"城乡间做好协同规划，农村内做到有序衔接"。

第一，推动乡村振兴规划战略与新型城镇化建设有关"公共服务"内容的有效衔接。当前全省各市、县都在积极进行乡村振兴规划工作，统一将"提高农村公共服务水平"列入规划主要内容，同时建议应当在规划中加入如何与城市基本公共服务规划对接的相关内容，以及鼓励有条件的、较发达城市的农村地区，如温江区、郫都区的村，城乡接合部农村专门做关于城乡公共服务融合发展的规划，以点带面慢慢推动融合机制的探索，并发挥其辐射带动作用。

第二，推动乡村振兴战略规划与脱贫攻坚在公共服务方面的有效衔接。如果说，脱贫攻坚任务中有关"两不愁三保障"的任务要求是为贫困地区提升公共服务水平的"雪中送炭"之举，那么乡村振兴战略规划中有关农村公共服务的规划就是"锦上添花"，两者有效衔接，能从根本上补齐农村公共服务的短板，缩小城乡差距。

（三）以差异化、精准化为导向推动城乡基本公共服务体系优化

结合四川经济社会发展不均衡的实际，坚持以差异化、精准化为导向，探索进行依据省内不同区域特色、不同发展水平优化城乡基本公共服务体系。课题组建议依据全省主体功能区划分和五大片区经济发展水平，与科研机构、高校或智库等通过购买公共服务方式进行合作，确立各区域当前及未来一段时间的发展目标，制定城乡基本公共服务发展标准、质量标准和城乡差异的合理阈值。在此基础上，着重对城乡基本公共服务的供给体系、运行体系和评估体系进行优化。具体来说，第一，优化城乡基本公共服务供给体系方面，农村着重构建以需求为导向的"城乡融合、依托社区、开放民主、供给有效"的公共服务供给体系，城市持续强化"政府+市场"的供给创新，并积极构建公共服务供给城乡对接机制，形成"城市辐射带动农村"的统筹城乡科教文卫各项事业的城乡融合、城乡统一的公共服务供给体系。同时，以推进农村社区建设为依托，充分发挥农村自

治力量，提高广大农民的参与意识和参与能力。运用基层治理新模式新办法，加快完善农民的利益表达机制，确保农村公共服务的供给与服务需求相吻合，确保公共服务供给类型、数量、质量和方式符合农民意愿，有效解决农村公共服务供给"最后一公里"问题。第二，优化城乡基本公共服务运行体系方面，重塑农村公共服务资源整合与维护机制，充分运用涉农资金整合试点的政策红利，提升财政资金的使用效率；打破行政区域限制，构建区域一体化城乡公共服务运行体系，破解"资源孤岛"和"资源过剩"的问题；加快城乡公共服务"投入—产出"的联动协调机制，减少重复建设和无序投入，提高公共服务运行效率。第三，加快建立区域性基本公共服务城乡绩效差距的评估机制，以整体性治理视角推动城乡基本公共服务水平提高和差距缩小。

（四）以城市群发展为抓手探索城乡基本公共服务跨区域协作机制

随着我国城市化率的不断提升，城乡问题有所弱化，但问题的集中爆发点仍将回归城市。"公共资源本身不是物化的劳动产品，并不具有商品的属性"，[①] 由此引发的"市场失灵"让政府走到配置的主导位。但从市场配置资源的原理来看，教育、医疗、卫生以及文化等"软性公共服务"将在城市不断积累，无法规避"马太效应"导致的雪球越滚越大的结果。同时，随着四川开放型经济的发展及营商环境的不断优化，可以预见的是未来人口流动性会持续增强，省外流入人口和返乡创业人口是主力，而这些人往往更多集中在城市。因此，要探索建立基本公共服务跨城市群的协作机制，妥善解决超越本行政区划的基本公共服务需求满足问题，进一步降低人口流动的成本，加速城市群的发展，同时在区域协作机制构建过程中，能够将跨区域中的农村、城乡接合部等区域的基本公共服务需求纳入其中考量，找到一条城市基本公共服务优势向农村延伸的新路径，如将城市公共服务资源向农村

---

① 黄子鸿：《城市发展中公共资源公平配置之探讨》，《北京航空航天大学学报》（社会科学版）2011年第5期。

定点转移，在农村选择关键服务节点，布局教育、医疗资源、养老资源。扩大城市公共服务载体，在农村布局养老基础设施，借助农村良好的自然环境，实现城市养老的空间转移。发挥互联网作用，在农村拓展高等教育（电大、函授）的远程模式。实现城乡公共服务双向流动。在农村设立"动态文化站"，如流动图书馆、流动讲座，鼓励城市公共文化服务下乡。

"三位一体"联动推进乡村振兴研究

涂文明　梁玉莹*

摘　要： 本文在分析"三位一体"联动推进乡村振兴过程中面临的矛盾基础上，提出农业产业化与农民知识化演进的三阶段论，以及城乡一体化动态转化的三阶段四环节逻辑。基于此，本文认为通过推动农村户籍制度、土地制度和财政金融制度改革，进而提升农民知识化水平、促进农业现代化发展、统筹城乡融合发展是加快农业生产方式转变、增强农民生活幸福感和变革农村建设方式以推进乡村振兴的实现路径。

关键词： 乡村振兴　三位一体　城乡融合

十九大报告中首次提出，实施乡村振兴战略，"要坚持农业农村优先发展……建立健全城乡融合发展体制机制和政策体系，加快推进农业农村现代化"。乡村振兴战略是习近平新时代中国特色社会主义思想中的重大战略部署，为新时代实现"农业强、农村美、农民富"的建设目标提供了新思路。

一　乡村振兴战略内涵与建设重点

乡村振兴战略是中央在新时代深刻认识城乡关系及其变化趋势和城乡发

---

* 涂文明，经济学博士，成都信息工程大学统计学院教授，硕士研究生导师，主要研究方向为产业经济、区域经济与农村发展；梁玉莹，成都信息工程大学统计学院硕士研究生，研究方向为产业经济、农村经济。

展规律的基础上提出的重大战略。这一战略深化了2005年以来不断完善的社会主义新农村建设。2005年，"十一五"规划首次明确提出建设社会主义新农村，指出要按照生产发展、生活宽裕、乡风文明、村容整洁、管理民主的要求，坚持从各地实际出发，尊重农民意愿，扎实稳步推进新农村建设。2007年1月，《中共中央国务院关于积极发展现代农业扎实推进社会主义新农村建设的若干意见》从两个方面完善了新农村内涵：一是具体化了"生产发展"，指出发展现代农业是社会主义新农村建设的首要任务；二是将提高农民素质置于重要位置，认为新农村要培养新型农民，用培养新型农民发展农业。2008年10月，《中共中央关于推进农村改革发展若干重大问题的决定》从四个方面丰富了社会主义新农村建设的内涵：一是提出以新农村建设引领农村改革发展；二是对"现代农业"进一步具体化，新农村应走"中国特色农业现代化道路"；三是不再孤立强调"农村环境"改善，还要实现城乡经济社会一体化；四是强调了农民在推进社会主义新农村建设中的主体地位。

乡村振兴战略总要求是"产业兴旺、生态宜居、乡风文明、治理有效、生活富裕"。与新农村建设内涵相比，乡村振兴战略一是以"产业兴旺"取代"生产发展"，夯实了现代产业的地位；二是以"生态宜居"取代"村容整洁"，丰富了新时代农村建设的载体；三是以"治理有效"取代"管理民主"，扩大了新时代农村建设的治理内涵；四是以"生活富裕"取代"生活宽裕"，提升了新时代农村建设的质量。乡村振兴的最终目标是实现农业强、农村美、农民富。

乡村振兴战略廓清了新时代农村建设的重点。第一，农业现代化是"农业强"的基础。乡村振兴必须以现代化的农业产业为支撑。第二，农民知识化是"农民富"的关键，知识型农民的文化水平、劳动技能等将在很大程度上决定乡村振兴能否顺利实现，决定农民的富裕程度。第三，城乡一体化是"农村美"的助推器，城乡一体化发展的溢出效应能统筹城乡融合发展，实现乡村振兴的生态宜居、治理有效和乡风文明的美丽乡村。

乡村振兴是一项复杂的系统工程，在当前，农业现代化、农民知识化与城乡一体化"三位一体"联动推进，是实现乡村振兴的必由之路。因此，厘清"三位一体"推进乡村振兴过程中面临的矛盾，深入剖析农业现代化、农民知识化与城乡一体化三者的关系，是理论与实践相统一实现乡村振兴战略的有效路径。

二 "三位一体"推进乡村振兴面临的主要矛盾

农业现代化、农民知识化与城乡一体化三个维度的有机统一是实现乡村振兴的关键。农业现代化是农业发展的一个客观过程，是一个反映农业生产力和生产关系不断变化的过程。农民知识化是时代需要，是农业知识不断累积并运用于农业生产经营过程而产生的。城乡一体化是城乡空间、人口、经济、生态、社会、制度一体化的综合系统，是城镇化发展的高级阶段。改革开放40多年来，虽然我国"三农"工作取得了显著成效，但"三化"发展的割裂，以及在发展中存在一些深层次的症结和矛盾，制约了三者的协调发展，影响乡村振兴的顺利推进。

（一）农业现代化与土地经营制度的矛盾

我国农村以家庭联产承包责任制为主的经营模式激励了农民的积极性，但随着经济社会的发展，这一模式越来越制约着农业现代化的进程。虽然此后的家庭联产承包责任制改革一直在维持基本土地政策不变的情况下展开，通过契约、合同、股份制等形式，建立合理的土地流转制度等，特别是党的十八大以来，国家在农村土地"三权分置"、农村土地承包经营权确权登记颁证、统筹推进农村土地征收、集体经营性建设用地入市等方面改革力度较大，加快了农村土地制度改革的进程。但由于制约农业现代化发展的规模经济、土地产权制度、农村宅基地等方面的深层次矛盾依然存在，改革依然需要不断深化突破。

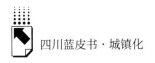

（二）农民知识化与农业现代化的矛盾

20 世纪 50 年代以来国外农业发展的实践表明，现代农业具有知识化、智能化和高技术化的新属性。这些属性必然要求农业生产经营主体具备较高的知识储备。我国农民整体知识文化水平较低，知识储备严重滞后于产业发展的矛盾具体体现为农业高技术水平的不断运用与农民严重欠缺相应技术掌握能力之间的矛盾；市场化大潮中，农民对市场风险的意识、对农业生产经营做出合理预期与农民欠缺市场化知识之间矛盾；农村经营规模化、专业化与农民缺乏现代管理知识之间的矛盾；农业与信息化的高度结合与农民信息化水平比较低之间的矛盾。

（三）农村城镇化与农业产业化的矛盾

农村城镇化与农村产业化的协调发展是农村经济与城镇经济发展规律的内在要求。农业产业化客观上使农业规模化、市场化，奠定了城镇化发展的产业根基，因此，没有农业产业化，农村城镇化就是空心的城镇化。城镇化的发展也会加快农业产业资源的集中、集聚，形成农业产业化发展的合力。因此，没有城镇化，就不可能实现农业产业化。2018 年我国城镇化率达到 59.58%，农业产业化率不足 50%，二者的协调度不高。在农村城镇化发展中，农业人口占比较高，公共服务水平不高，落实城镇化的相关政策还不到位，与新型城镇化建设提出的"以促进人的城镇化为核心"的建设要求还相去甚远。农业产业化质量不高，产业化龙头企业分布不均衡，产业化龙头企业培育亟待提升。

（四）城乡一体化与城乡差异化的矛盾

城乡关系是马克思主义哲学的重要理论范畴。在充分吸收和借鉴空想社会主义城乡关系基础上，形成了从分离到融合的马克思主义城乡关系理论。农村成为城乡一体化发展的短板。按照党的十八大部署，加快完善城乡一体化的体制机制，促进城乡要素平等交换和公共资源均衡配置，形成以工促农、以城带乡、工农互惠、城乡一体的新型城乡关系依然任重而道远。

农业现代化、农民知识化与城乡一体化所表现出的矛盾无疑是乡村振兴过程中的根本性矛盾。这些矛盾的出现源于"三农"建设中没有深刻认识到农业现代化、农民知识化与城乡一体化之间的逻辑统一性和发展的差异性，因而阐明"三位一体"的内在逻辑，有利于探索出一条适合我国国情的乡村振兴道路。

三　农业现代化与农民知识化协调演进的三阶段论

习近平指出，没有农业现代化，就没有农村繁荣富强和农民安居乐业，国家现代化就是不完整、不全面、不牢固的。乡村振兴要求推进农业现代化发展，但我国区域差异大，既有广袤的西部，以传统耕种方式为主的农业；又有相对发达的东部地区，以现代农业为主。传统农业迈向现代农业是一个持续不断的过程，这一过程也是农民知识化水平不断提升的过程，是二者协调推进的过程。这一过程的演变将发生三次飞跃：从产品生产到商品生产的"第一次飞跃"；从生产型走向生产经营型的"第二次飞跃"；从生产经营型走向资本经营型的"第三次飞跃"。每一次飞跃都必然要求农民知识文化水平不断提高，进而推动农业现代化的进步和乡村振兴。因此，农业现代化与农民知识化之间存在内在的必然关联和有机统一。农业现代化具有阶段性特征，农民的现代化意识、现代化行为和现代化水准的高低，在农业现代化的不同阶段表现为不同的特点。

（一）农业现代化初级阶段与知识型农民的自发培育

农业现代化初级阶段是产业发展的自发性阶段，也是知识型农民自我成长阶段。这一阶段的农业具有规模化程度低、技术水平低、管理水平低、产业附加价值低的传统农业特点。农民具有一些农业产业化发展的意识，甚至能够组织具有一定规模的联合生产、联合销售，但这仅是为了满足某些产品或一定条件下产品交换的需要而自发形成的合作。农民向企业、市场提供初级原料产品，获得有限利润，农产品附加值的增值部分所获寥寥。农民关于市场经济的基础知识主要依靠经验积累，具有传承性和偶发性。当某一种产品畅销时，大部分农民就会自发地生产，当一种产品滞销或价格偏低时，农民就会选择放弃生产。农民生产的这种盲目性、随意性、滞后性表明农民仍然没有摆脱小农生产行为，对农业现代化的理解是肤浅的，对市场规律的认识具有典型的经验主义特征，没有从根本上树立起市场化观念和意识。

（二）农业现代化中期阶段与知识型农民大量涌现

进入农业现代化的中期阶段后，工业领域先进前沿的技术和装备运用到农业生产领域，促进农业生产科学技术水平不断提高。农业技术的推广不仅带来农业单产效率的提高，更重要的是促进农业生产经营方式的变革，现代管理方法和手段大幅提升农业产业化水平。农业产业化经营把农民、企业和市场紧密联系起来，市场成为农产品的"第一车间"，农民成为企业的农业工人，农业具有相对稳定的市场和相对稳定的利润。市场是"火车头"，营销是"火车轨"，各类型基地农业是"火车厢"。这种模式有别于农业现代化第一阶段中松散的市场个体农户，具有很强的创造力。政府有效的市场调控保证了农民和农业企业会竭尽所能，以新集约模式，引导农业的市场化。人们淡化直至摒弃农业的地区分割、产业分割，以市场效益论短长。农民的生产以企业的需要为依据，企业的需要以市场的供求来确定。农民与企业之间的关系是契约、合同或入股等形式建立的合作关系。农民生产的产品不直接进入市场，是通过企业的精加工，转化为市场需求的商品。农民从提供初级原料产品中获取第一次利润，又从企业的生产加工、商品的流通中获取第二次利润。

在这一阶段，由于农户、企业对农业产业化经营管理认识不足，产业化经营中的各种问题暴露出来。企业贪大求全，支柱产业选择过多，"龙头"力量弱小，产业化经营还停留在生产管理型的状态，过于重视基地建设、产品销路等，较少关注兼并、重组、联合、参股等现代意义上的合作，缺乏资本运作的知识和能力。这些问题主要是农业产业化对知识型农业生产经营主体的需求与农村知识型农民不足之间的矛盾引起的。进入现代农业的中期阶段后，农业产业化发展要求农民不仅要有经济、管理等方面的理论知识，还要具备专业技术、天文地理、农作物种植加工等专业化和多元化的知识体系。经济生产过程与自然生产过程相交织，决定了农业生产与经营比工业生产与经营要复杂得多，用自然经济时代的知识几乎不可能完成农村经济向产业化发展。因此，农业现代化的中期阶段必然呼唤大量知识型农民的出现。

（三）农业现代化高级阶段与知识型农民共生共赢

农业现代化高级阶段是资本性、知识性农业发展阶段。这一阶段需要的是农、工、商等高知识、高科技、高信息的合力。形成合力比较快捷的方式就是实施农业资本、技术、管理、智力的优化配置。农业现代化高级阶段的发展，是国家整合农业资源与资本运作有机结合的过程，通过科学的集约组织方式，使这些资源高效地发挥作用，实现农业的规模化、组织管理的高效化和市场占有的高端化。复杂的经济运行环境和农业产业化商业模式要求更多的知识型农民。因此，高级阶段的农业现代化必然要为其准备高素质的农民和知识型农民，在这一阶段农业现代化与知识型农民形成共生共赢的格局。

农业现代化与农民知识化统一的过程就是促进城乡一体化发展的过程。农业、农民是"三农"问题的两个核心，现代农业的归宿不是农村，而是服务于城镇经济，因此，农业现代化是农业经济向城镇经济转化的基础。农业现代化推进过程中的知识型农民是农村城镇化的主体，是联系农村经济和城镇经济的代表性群体。知识型农民把农业生产与城市市场作为一个整体统筹运作，既实现了城乡优势互补，又可缩小城乡二元经济结构，从而加快城乡经济一体化的步伐。因此，农业现代化与农民知识化的目标是实现城乡一体化。

四 城乡一体化动态转化的三阶段四环节逻辑

城乡一体化是城乡资源重新配置，城乡经济社会发展的必然结果。城乡一体化由于经济发展的方式不一而具有阶段性的差异，表现出不同的特征。城乡一体化将先后历经城乡分治、城乡统筹和城乡融合三个阶段，三个阶段的转换是社会生产总过程的生产、分配、交换和消费四大环节相互作用的结果。

（一）第一阶段：城乡分治阶段

即"你就是你、我就是我""乡就是乡、城就是城"，主要表现为城乡的对立性、排斥性。城乡经济活动比较简单而且城乡割裂。城乡分治阶段的生产表现在城和乡两个不同的系统：城市和乡村分别根据各自的需要，决定自己生产什么、不生产什么，不因对方的需求来决定自己的生产。就分配而言，农民通过自己的农副产品销售中获取利益，尽可能地获取农副产品的投入成本和劳动收入和部分利润。交换的过程相对简单，绝大部分农副产品的交换是通过各种分散经营形式完成的，属于赶集式的、简单的交换，即农民将自己生产的产品拿到市场销售，将卖得的钱用来购买自己所需的商品，是一种商品—货币—商品的简单交换而进入消费过程。城市的商品通过批发市场渠道，销往农村各零售商店，再由零售商店销售给农民，这也是一种初级的市场交换形式，仅是城市商品向农村的简单流动。

城乡分治阶段的农业处于传统农业阶段，农民的知识文化水平普遍较低，低端技术被运用于农业的生产过程，农业面临自然风险较大。由于交换的农产品仅是简单的种子、化肥、农药、农膜等，以及农民日常生活所需的油、盐、酱、醋等，因而农民并不需要复杂的知识。由于城市与农村仅存在简单的商品交流，城市对农业产业的发展与农民知识的增长作用也极其有限。城乡基本上处于分割的阶段，农民知识化水平不高，对农村产业化发展的拉动效应较弱。

（二）第二阶段：城乡统筹阶段

即"你中有我、我中有你""城中有乡、乡中有城"。这一个阶段主要表现为城乡的兼容性、渗透性，城乡的流动是互动的，无论是城市向农村的流动，还是农村向城市流动，都是生产、交换、消费和分配四大环节的互相轮回、优势互补的过程。

城乡统筹阶段的生产都是按市场需求规律生产产品，无论是农村的农副产品，还是城市的工业品，都是以满足市场为依据，按市场经济规律组织生产。这种生产具有计划性、组织性，由单家独户的分散生产向集约化的产业化生产过渡，拥有现代化的管理。城市的生产是由企业对市场行情的判断决定的，双方根据市场需要参与分工协作，满足城乡双方的需要。

分配环节在这一阶段表现得比较活跃，通过市场的交换各取自己的利润，在农业产业化的进程中，可以按资、按智、按劳等多种形式进行分配，城市工业化进程中的分配也具有相似性。因此，在分配方式上城市与农村已经没有多少差异，各自按出资的多少、技术含量的多少或劳务的多少来分配。

交换环节主要是通过市场来实现。城乡融合拓宽了交换的范围，交换不局限于农副产品与城市工业品之间，同时扩展到了能源、资金、原料、科技、信息、劳务等市场领域。通过市场交换，农村可以找到所需的技术、信息等，城市可以找到原料、劳务等。城乡交换关系密切，体现在农村工业化的进程中，城市在农村发展工业投入资金、技术、信息等，而农村投入劳力、原料、场所等。

消费环节逐步表现为以市场为导向，以满足城乡需求为目的，通过建立一定的消费组织，实现城乡消费互动。也就是说，城市与农村直接建立一些销售渠道或中间环节，通过中间环节来实现城乡消费需求。城乡间生产资料和生活资料的消费都是通过这些渠道来实现，中间环节在促进城乡统筹中发挥了非常大的作用。

城乡统筹阶段的产业化发展水平和能力明显提高。因为城乡主体联系加强，所以产业的内部联系加强，城乡市场关联程度加深。特别是农业产业化组织形式更是紧密地联系着农村和城镇。在城乡统筹的发展态势下，农业现代化水平获得了相应的技术支撑、资本支撑、市场支撑和人才支撑，因而农业现代化水平明显提高。城乡统筹阶段的四大环节具有明显的复杂性和高级化倾向，以市场为导向的生产、分配、交换和消费富含更多的知识，这需要城乡市场主体不断地学习知识，基于自身的知识进行判断"生产什么、如何生产和为谁生产"，因而城乡分割阶段的农民所具备的知识水平难以适应发展的要求，需要农民提高知识水平，知识型农民日益增长是这一个阶段的典型特征。

进入城乡统筹阶段后，城乡差距在缩小，城乡互动在加强，随着农村城镇化建设步伐的加快和城乡统一市场的建立，城乡一体化的格局逐渐形成。

（三）第三阶段：城乡融合阶段

即"你就是我、我就是你""城就是乡、乡就是城"，是城乡一体化的最高阶段，城乡关系由过去的买卖向利益再分配和回报变迁，由对立、排斥向合作、趋同、融合转化。

在城乡融合阶段，社会化大生产是按照城乡统一的价值链进行分工与协作的，这就要求分工越来越细，科技含量越来越高，生产管理更趋科学。社分工的专业化有利于城乡优势合力的形成，促进生产结构的合理与优化，从而提高融合效率。

城乡融合阶段的分配是在产业高级化与城乡一体化更高层次上的分配，按智、按劳、按资等依然是分配的主要方式，由于城乡一体化进程中农业"龙头"企业和城市具有竞争力的企业成为城乡资源配置的主体，这些企业充分利用比较成熟的市场机制，依靠资本运作、资本扩张等手段，集合市场上各类主体的资本，因而各类主体获得股息、红利成为常态化的分配方式，资本化程度较高。

高度一体化的市场是交换活动的重要载体。这一个阶段市场建设的关键是通过加强商业基础设施建设和建立规范的流通秩序，创造一种良

好的环境和机制，把进入农村市场流通的成本降下来，增加流通主体在
农村市场中的经营利润。调动各方面积极参与农村市场经营，建立起以
县城为依托、以乡镇为扩散点、遍及各村的多层次形式的一体化市场
网络。

农村消费的文明化表现为农村消费由数量型向质量型发生根本性转变，
城乡消费水平、消费品质与消费能力基本一致。农村产业走向个性化、精细
化和品质化，以满足日益差异化的城乡需求，城乡一体更加紧密，城乡融合
显著增强。

城乡融合阶段的农业现代化与农民知识化程度和水平是最高的。这
一阶段的产业化水平与农民知识化水平应该与城市的产业化和市民的知
识化水平相当。三大阶段四个环节之间实现城乡一体化发展是随着农业
现代化与农民知识化的推进逐渐实现的。但一个不容忽视的事实是城乡
由于在人口集聚、要素集聚等方面存在差异，因而城乡一体化绝不是
"城乡一样化"。

五 "三位一体"联动推进乡村振兴战略的实现路径

农业现代化、农民知识化与城乡一体化"三位一体"推动乡村振兴是
一个较长的过程，要急又不能过激，要快又必须脚踏实地。在认清农业现代
化、农民知识化与城乡一体化三者的关系基础上，需选择适宜的发展路径，
施以有效的政策，稳健推进我国的乡村振兴战略。

（一）推动农业生产方式、农民生活方式、农村建设方式的有效改变

乡村振兴需要实现农业生产方式、农民生活方式和农村建设方式的改
变。农业生产方式的变革是乡村振兴持续获得成功的前提，农民生活方式的
改变是乡村振兴的必要条件，农村建设方式的变革是乡村振兴的动力。

一是农业生产方式的变革与更新必须紧跟乡村振兴的步伐和满足城乡经

济发展的需要。转变农业生产方式必须以提高农民收入、提高农业供给质量和供给效率改革为目标，以农业供给侧结构性改革为导向，由主要满足量的需求向满足个性化质的需求转变，推动农业实现农业的规模化、集约化、科技化、绿色化、智能化发展。二是让农民生活方式跟上乡村振兴的步伐。农民生活方式的转变，就是农民不断适应现代化的劳动方式、物质资料消费方式、精神生活消费方式等，建立城市型的生活方式。三是实现农村建设方式的变革，这是生态宜居、乡风文明、治理有效的必然要求。因此，在乡村规划布局、建筑方式、基础设施、文化建设等方面必须因地制宜，根据当地产业发展和特色准确定位、科学谋划。

（二）促进农民知识化、农业现代化与农村城镇化统筹于城乡一体化发展

农民知识化、农业现代化与农村城镇化是相互促进、相互协调、统筹于城乡一体化的发展进程中的。在三者的互促中，一是不断培养知识型农民、职业化农民。农民专业文化素养的高低与农业现代化水平的高低是一致的，可以通过建立远程农民职业教育体系，在县、乡、村等建立农民职业学校，邀请专家学者进入农村等多种方式，培训适应乡村振兴的新型农民。二是农业现代化水平的高低要与农业知识化水平的高低和农村城镇化水平的高低相适应。大力推动农业现代化发展，提高农业发展的物质装备技术水平，实现农业的良种化、机械化、信息化；提高产业的专业化水平，将产业的专业化水平贯穿农业现代化的整个过程，大力推进农业专业化分工，培育社会化服务体系；加快规模经营的发展。三是加快农村新型城镇化建设，使农民知识化、农业现代化和农村城镇化在较高水平上保持一致。实现乡村振兴，推动新型城镇化是关键。新型城镇化是以人为本的城镇化，以人为本就是适应农业现代化和农民知识化的要求，加快特色优势产业的发展以适应知识型农民的就业要求，加快推动城镇基础设施建设，提升教育、医疗、养老、保障性住房等基本公共服务水平，提高人口素质和居民生活质量。

（三）加快推动乡村振兴"三位一体"联动政策支持体系建设

1. 深化农村户籍制度改革

以农业转移人口市民化为核心，深化农村户籍制度改革。让户籍真正回归到"户口"应有的功能，全面放开户籍流动限制，实现常住人口在养老就医、教育资源供给、职业技能培训等方面享有城市人口均等的权利，建立城乡统一的户籍登记制度、户籍迁移制度和居民身份制度，加强户籍管理。

2. 深化土地制度改革

土地制度改革与农民生产生活、乡村产业发展、乡村治理等密切联系，是推进乡村振兴的关键。牢牢把握土地制度改革产权明晰、市场化流转的要求，认真总结土地流转中的经验，进一步完善土地流转的制度建设，践行宅基地和承包地"三权分置"改革，盘活农村土地要素资源，灵活多样地在承包权、经营权上创新融资方式，在集体经营性建设用地、土地征收制度等方面进行大胆创新。

3. 完善财政金融支农政策

把农业、农村作为财政金融支持的重点，完善财政支持"三农"发展的投入、运行与保障机制、支持农业创新和农业基础设施。完善金融机构对农业和农村的支持。探索小额贷款对"三农"和新农村建设的支持，强化金融对农村公共产品和农业产业化的支持。所有支持政策和配套体系必须组合使用才能更高效地加快新农村建设的步伐。

参考文献

《马克思恩格斯选集》，人民出版社，1995。

《习近平在中国共产党第十九次全国代表大会上的报告十九大报告》，2017年10月28日。

何传启：《农业现代化的基本原理和中国策略》，《中国科学基金》2012年第4期。

李冰：《城乡一体化：二元经济结构理论在中国的延续》，《人文杂志》2014年第2期。

郑丽果：《城乡一体化与乡村振兴如何协同发展》，《人民论坛》2018 年第 10 期。

白永秀、王颂吉：《马克思主义城乡关系理论与中国城乡发展一体化探索》，《当代经济研究》2014 年第 2 期。

魏后凯、韩磊、胡冰川：《粮食供需关系变化新形势下转变农业生产方式研究》，《河北学刊》2018 年第 1 期。

B.11
四川产业结构对城镇化的影响研究

罗 楠*

摘　要： 本文主要研究了四川省的产业结构变迁对其城镇化发展的影响。通过对四川2000~2018年产业结构和城镇化关系的研究和实证检验，得出产业结构的升级能够促进城镇化发展的结论。基于此，本文提出继续引导产业结构升级、优化空间布局和产业布局、加快农业现代化和产业化发展等建议，促进农业产业化和城镇化发展。

关键词： 产业结构　城镇化　农业现代化　四川

当前，四川省正处于城镇化快速发展阶段，与全国城镇化水平的差距逐步缩小，《四川省新型城镇化规划（2014~2020）》中提出，2020年四川省常住人口城镇化率将达到58%。城市规模、基建水平和公共服务质量显著提高，农村劳动力大批量转移到城镇就业，助力全省经济发展。四川省人民政府在推进新型城镇化健康发展中强调加强城市产业支撑，为城镇化可持续发展提供动力。本文通过2000~2018年四川省城镇化和产业发展的相关数据，研究分析了四川产业结构对城镇化的影响，并得出结论和建议。

一　四川省产业结构的现状分析

2000年以来，四川经济进入加速增长期，地区生产总值大幅增长。伴

---

* 罗楠，四川省工业经济发展研究中心经济师，主要研究方向为产业经济。

随技术的不断发展和新型城镇化的持续推进，四川省的产业结构向高阶跃进，三次产业结构发生明显变化，转变为以第二、第三产业为主的现代产业结构体系，尤以第三产业产值最高，产业结构更加合理协调，符合现代社会经济发展方向。未来，第二、第三产业还将进一步发展，成为四川省经济发展的支柱性产业。2000～2018年四川省产值结构及就业结构的情况具体见表1。

表1　2000～2018年四川省产业产值结构和就业结构

单位：亿元，万人

年份	地区生产总值	产值结构			总就业人数	就业结构		
		第一产业	第二产业	第三产业		第一产业	第二产业	第三产业
2000	3928.20	945.58	1433.11	1549.51	4658.40	2643.35	871.12	1143.93
2001	4293.49	981.67	1572.01	1739.81	4664.80	2595.84	867.65	1201.31
2002	4725.01	1047.95	1733.38	1943.68	4667.60	2517.48	896.18	1253.94
2003	5333.09	1128.61	2014.80	2189.68	4683.50	2482.80	906.70	1294.00
2004	6379.63	1379.93	2489.40	2510.30	4691.00	2445.70	916.00	1329.30
2005	7385.10	1481.14	3067.23	2836.73	4702.00	2421.50	926.30	1354.20
2006	8690.24	1595.48	3775.14	3319.62	4715.00	2306.90	946.00	1462.10
2007	10562.39	2032.00	4648.79	3881.60	4731.10	2266.22	1065.71	1399.15
2008	12601.23	2216.15	5823.39	4561.69	4740.00	2186.18	1108.32	1445.50
2009	14151.28	2206.53	6123.53	5821.22	4756.62	2144.13	1141.59	1470.90
2010	17185.48	2443.20	7902.18	6840.10	4772.53	2083.20	1188.82	1500.51
2011	21026.68	2937.70	10045.72	8043.26	4785.47	2043.36	1210.78	1531.33
2012	23872.80	3245.94	11240.02	9386.84	4798.30	1991.30	1233.18	1573.83
2013	26392.07	3368.66	12378.71	10644.70	4817.31	1955.79	1254.51	1607.01
2014	28536.66	3531.05	12839.60	12166.01	4833.00	1909.00	1275.90	1648.10
2015	30053.10	3677.30	13248.08	13127.72	4847.01	1870.91	1289.31	1686.79
2016	32934.54	3929.33	13448.92	15556.29	4860.00	1827.40	1302.50	1730.10
2017	36980.22	4262.35	14328.12	18389.75	4872.00	1792.90	1315.40	1763.70
2018	40678.13	4426.66	15322.72	20928.75	4881.00	1752.30	1327.60	1801.10

资料来源：《四川统计年鉴2019》。

从表1中可以看到，四川省地区生产总值由2000年的3928.20亿元提升为2018年的40678.13亿元，增长了9倍多，且呈现逐年增长趋势，年均增长率为 13.87%。从年份上看，2007 年，四川地区生产总值突破万亿元大关，并于 2011 年、2015 年和 2018 年分别超过 2 万亿元、3 万亿元和 4 万亿元。

从产值结构来看，三次产业的产值均整体呈现逐年增长的趋势（除了 2009 年第一产业产值几乎与 2008 年持平）。第一产业由 2000 年的 945.58 亿元增长到 2018 年的 4426.66 亿元，增长了 3 倍多；第二产业由 2000 年的 1433.11 亿元增长到 2018 年的 15322.72 亿元，增长超 9 倍；第三产业由 2000 年的 1549.51 亿元增长为 2018 年的 20928.75 亿元，增长了 12.5 倍。综上可知，虽然三次产业的产值都整体呈增长趋势，但是第二产业和第三产业的增长速度远高于第一产业，四川省的产业结构发生了明显的变化。表 2 是 2000~2018 年四川省三次产业产值占比情况，可以更直观地体现四川省历年产值的构成，第一产业的产值占比除了 2004 年和 2007 年有小幅度回升外，基本呈现持续下降趋势，已由 2000 年的 24.1% 下降到 2018 年的 10.9%；2000~2008 年第二产业产值占比持续增长，2009~2018 年波动下降，虽然第二产业的产值逐年增长且增速较快，但是占比的变化幅度并不大；第三产业占比呈现波动上升趋势，2018 年占比达 51.4%。图 1 直观地呈现了 2000~2018 年三次产业产值占比的变动趋势，可以看出四川产业结构愈加符合现代产业体系要求。

表 2 2000~2018 年四川省三次产业产值占比

单位：%

年份	第一产业	第二产业	第三产业
2000	24.1	36.5	39.4
2001	22.9	36.6	40.5
2002	22.2	36.7	41.1
2003	21.2	37.8	41.0
2004	21.6	39.1	39.3
2005	20.1	41.5	38.4
2006	18.4	43.4	38.2
2007	19.2	44.0	36.8
2008	17.6	46.2	36.2

年份	第一产业	第二产业	第三产业
2009	15.6	43.3	41.1
2010	14.2	46.0	39.8
2011	14.0	47.8	38.2
2012	13.6	47.1	39.3
2013	12.8	46.9	40.3
2014	12.4	45.0	42.6
2015	12.2	44.1	43.7
2016	11.9	40.8	47.3
2017	11.6	38.7	49.7
2018	10.9	37.7	51.4

资料来源：《四川统计年鉴 2019》。

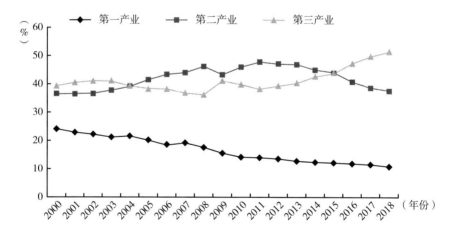

图1　2000～2018年四川省三次产业产值占比变化情况

资料来源：《四川统计年鉴 2019》。

根据表1，三次产业就业人数逐年小幅增长，由2000年的4658.4万人增长到2018年的4881.00万人，增长幅度较小。从三次产业就业结构来看，第一产业就业人数逐年下降，由2000年的2643.35万人下降到2018年的1752.30万人。第二产业和第三产业就业人数整体呈增长趋势，略有波动。第二产业的就业人数从2000年的871.12万人增长到2018年的1327.60万人，第三产业就业人数则由 2000 年的 1143.93 万人增长到 2018 年的 1801.10 万人。三次产业的就业结构变化幅度小于产值结构，第一产业就业人数向第二和第三产业转移。

表 3 是四川省三次产业就业人数的占比情况，第一产业就业人数占比从 2000 年的 56.7% 下降为 2018 年的 35.9%，占比仍相对较高。第二产业就业人数占比从 2000 年的 18.7% 增长到 2018 年的 27.2%，第三产业则由 2000 年的 24.6% 增长到 2018 年 36.9%，第二、第三产业的就业人数占比整体上不断增长，第一产业就业人数占比还有下降空间。未来，第二、第三产业的就业人数吸纳能力有待进一步提升。图 2 是三次产业就业占比变化情况，可以直观地看到三次产业就业占比的变动趋势。

表 3　2000～2018 年四川省三次产业就业人数占比情况

单位：%

年份	第一产业	第二产业	第三产业
2000	56.7	18.7	24.6
2001	55.6	18.6	25.8
2002	53.9	19.2	26.9
2003	53.0	19.4	27.6
2004	52.1	19.5	28.3
2005	51.5	19.7	28.8
2006	48.9	20.1	31.0
2007	47.9	22.5	29.6
2008	46.1	23.4	30.5
2009	45.1	24.0	30.9
2010	43.6	24.9	31.4
2011	42.7	25.3	32.0
2012	41.5	25.7	32.8
2013	40.6	26.0	33.4
2014	39.5	26.4	34.1
2015	38.6	26.6	34.8

续表

年份	第一产业	第二产业	第三产业
2016	37.6	26.8	35.6
2017	36.8	27.0	36.2
2018	35.9	27.2	36.9

资料来源：《四川统计年鉴 2019》。

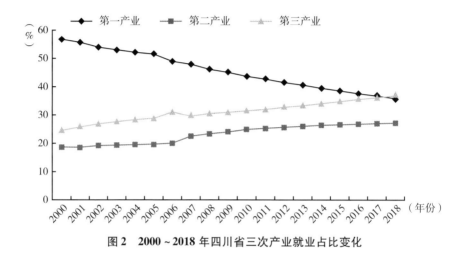

图2　2000～2018年四川省三次产业就业占比变化

二　四川省城镇化现状分析

城镇化是经济社会发展的重要抓手，四川省委、省政府高度重视城镇化的发展，曾先后多次出台相关政策文件，如《关于 2013 年加快推进新型城镇化的意见》《关于加快重点小城镇建设的若干意见》等，并出台了《四川新型城镇化规划（2014～2020 年)》。

表4 是 2000～2018 年四川省人口城镇化情况统计，选取了常住人口、常住人口城镇化率、户籍总人口、城镇人口和乡村人口来衡量四川省城镇化发展情况。2018 年，四川省常住人口 8341.0 万人，户籍总人口 9121.8 万人，城镇人口 3271.5 万人，比 2000 年增加了 1706.5 万人。常住人口城镇化率从 2000 年的 26.7% 跃升到 2018 年的 52.3%，城镇化发展稳步推进，

城镇人口在常住人口增幅较小的情况下增长了一倍多。四川整体上已经进入城镇化发展的中期阶段，近年来城镇化发展增速进入平缓阶段。虽然四川城镇化发展成果不错，城镇化率呈逐年增长，但是依然低于全国水平，还有待进一步提升。

表4　2000～2018年四川省人口城镇化情况

年份	常住人口 （万人）	常住人口城镇化率(%)	户籍总人口 （万人）	城镇人口 （万人）	乡村人口 （万人）
2000	8234.8	26.7	8407.5	1565.0	6842.5
2001	8143.0	27.2	8436.6	1622.1	6814.5
2002	8110.0	28.2	8474.5	1677.6	6796.9
2003	8176.0	30.1	8529.4	1795.2	6734.2
2004	8090.0	31.1	8595.3	1914.3	6681.0
2005	8212.0	33.0	8642.1	2013.8	6628.3
2006	8169.0	34.3	8722.5	2070.8	6651.7
2007	8127.0	35.6	8815.2	2140.0	6675.2
2008	8138.0	37.4	8907.8	2203.4	6704.4
2009	8185.0	38.7	8984.7	2286.3	6698.4
2010	8041.8	40.2	9001.3	2355.2	6646.1
2011	8050.0	41.8	9058.4	2462.7	6595.7
2012	8076.2	43.5	9097.4	2512.0	6585.4
2013	8107.0	44.9	9132.6	2632.4	6500.2
2014	8140.2	46.3	9159.1	2694.0	6465.1
2015	8204.0	47.7	9102.0	2785.2	6316.8
2016	8262.0	49.2	9137.0	2997.5	6139.5
2017	8302.0	50.8	9113.4	3116.3	5997.1
2018	8341.0	52.3	9121.8	3271.5	5850.3

资料来源：《四川统计年鉴2019》。

从四川内部来看，不同市州之间的城镇化水平差异较大且发展不均衡。表5是2018年四川省21个市州城镇化和经济发展情况统计。城镇化率最高的是成都，达到了73.12%，最低的是甘孜州，仅为31.66%，相差超过40个百分点。除成都市和攀枝花市外，其他市州的城镇化率均低于全国平均水平（59.6%）。按照国际城镇化发展的划分标准，城镇化率为30%以下说明处于城镇化发展的初期阶段，30%～70%则定义为中期阶段，超过70%则处于城镇化发展的后期阶段。以此标准来看，除成都已经达到城镇化发展的后期阶段外，四川其他市州都处于中期阶段，但是不同地区之间的差异较大，甘孜州和凉山州刚刚跨过初级阶段，攀枝花市已经达到66.59%，直奔后期阶段。由此可见，不同市州的城镇化发展水平存在比较严重的不平衡，许多市州的城镇化还存在很大的发展空间。另外，综合各个市州的城镇化率和地区生产总值来看，城镇化率与地区生产总值大致呈正相关，城镇化水平较高的地区，经济发展也处于较高水平，这体现了城镇化发展与经济发展之间是相互促进的。

表5　2018年四川省21个市州经济及城镇化发展情况

市（州）	年末常住人口（万人）	城镇化率（%）	地区生产总值（亿元）	人均地区生产总值（元）
成都市	1633.0	73.12	15342.77	94782
自贡市	292.0	52.61	1406.71	48329
攀枝花市	123.6	66.59	1173.52	94938
泸州市	432.4	50.46	1694.97	39230
德阳市	354.5	52.35	2213.87	62569
绵阳市	485.7	52.53	2303.82	47538
广元市	266.7	45.63	801.85	30105
遂宁市	320.2	50.02	1221.39	37943
内江市	369.9	49.10	1411.75	37885
乐山市	326.7	51.83	1615.09	49397
南充市	644.0	48.14	2006.03	31203
眉山市	298.4	46.32	1256.02	42157
宜宾市	455.6	49.64	2026.37	44604
广安市	324.1	41.86	1250.24	38520
达州市	572.0	45.52	1690.17	29627
雅安市	154.0	46.85	646.10	41985
巴中市	332.2	41.85	645.88	19458
资阳市	251.2	42.71	1066.53	42112
阿坝藏族羌族自治州	94.4	40.00	306.67	32552
甘孜藏族自治州	119.6	31.66	291.20	24446
凉山彝族自治州	490.8	35.71	1533.19	31472
全省	8341.0	52.29	40678.13	48883

资料来源：《四川统计年鉴2019》。

三　四川省产业结构与城镇化关系分析

表6是2000~2018年四川省三次产业的贡献率和城镇化率的情况统计。三次产业贡献率是指各产业增加值增量与地区生产总值增量之比。图3更加直观地表现了2000~2018年三次产业贡献率和城镇化率的变动情况。四川省三次产业贡献率中，2000~2018年第一产业的波动较小，近年来呈下降趋势，另外两个产业的贡献率则呈现相反的波动趋势，其中，第二产业的贡献率先是增长，然后下降，再增长，再下降，近三年呈现小幅增长趋势，第三产业贡献率历年趋势则相反，而城镇化率始终呈现稳定上升的趋势。比较三次产业贡献率，第一产业的贡献率始终处于低位，2018年的贡献率为4.44%，第二产业和第三产业的贡献率合计达95.56%，尤其以第三产业的贡献率为最高，达68.66%，这说明了在四川城镇化的发展过程中，第二产业和第三产业起到了积极的促进作用，尤其是第三产业的促进作用最为显著，第二产业和第三产业吸纳了大量农村人口到各个行业之中，为四川省城镇化发展做出了贡献。

表6　2000~2018年四川省三次产业贡献率及城镇化率

单位：%

年份	第一产业贡献率	第二产业贡献率	第三产业贡献率	城镇化率
2000	7.01	29.91	63.08	26.70
2001	9.88	38.02	52.10	27.20
2002	15.36	37.40	47.24	28.20
2003	13.26	46.28	40.46	30.10
2004	24.01	45.35	30.64	31.10
2005	10.07	57.47	32.47	33
2006	8.76	54.24	37.00	34.30
2007	23.32	46.67	30.02	35.60
2008	9.03	57.61	33.36	37.40
2009	-0.62	19.36	81.26	38.70

续表

年份	第一产业贡献率	第二产业贡献率	第三产业贡献率	城镇化率
2010	7.80	58.62	33.58	40.20
2011	12.87	55.80	31.32	41.80
2012	10.83	41.96	47.21	43.50
2013	4.87	45.20	49.93	44.90
2014	7.57	21.49	70.94	46.30
2015	9.64	26.94	63.42	47.70
2016	8.75	6.97	84.28	49.20
2017	8.23	21.73	70.04	50.80
2018	4.44	26.90	68.66	52.30

资料来源：《四川统计年鉴2019》。

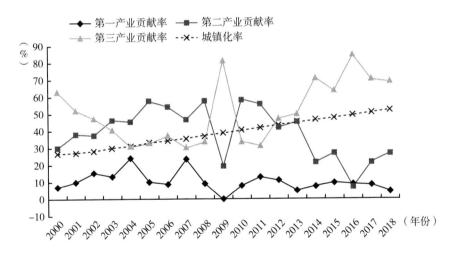

图3　2000～2018年四川省三次产业贡献率和城镇化率变化

资料来源：《四川统计年鉴2019》。

前文提到第二产业和第三产业促进了城镇化的发展，四川省城镇化率的增长主要来自第二和第三产业，尤其是第三产业不断发展，为农村人口的转移提供了大量就业机会。此外，城镇化的发展也促进了产业结构的转型升级，推动产业结构更为优化和合理。主要根据是城镇化水平的提高，伴随城镇人口数量和地区生产总值增长，城镇居民的收入也不断增长，一是使城市必须扩大规模来容纳大量新增转移人口，二是城镇的数量和功能需要增加和完善，三是需要更好、更便捷的产品和服务，人民对生活水平的要求持续提高。这就必然要求传统产业结构进行优化和升级，来满足人民日益增长的生活需求。2000～2018年，四川省的产业结构不断变迁和升级，三次产业结构的产值占比由 24.1∶36.5∶39.4 变为10.9∶37.7∶51.4。具体而言，在第一产业中，农业现代化水平有所提高，但相对生产效率还有待提升；第二产业中，四川省积极发展高端高附加值的新型产业，并且加强了交通基础设施的建设，进一步完善城镇功能；第三产业则加快发展现代服务业，如现代物流和"互联网＋服务"等。

综上所述，产业结构和城镇化的发展是相互影响、相互促进的，两者是相辅相成的。产业结构的优化升级体现在第二产业和第三产业的发展吸纳了大量农村人口劳动力，增加了人均收入，引起了社会资源的重新分配，从而推动了农村人口向城镇转移，促进了城镇化的持续发展。与此同时，城镇化水平的提升，使居民的消费结构产生变化，人口和资源的聚集对城镇规模和城市功能的要求提高，从而促进了产业结构的优化和升级。

四　四川省产业结构对城镇化影响的实证分析

本文从城镇化的发展数量和发展质量两个维度来分析四川省的产业结构对城镇化发展水平的影响，构建了相关产业结构和城镇化的指标，并建立了回归模型，采用2000～2018年《四川统计年鉴》中的数据进行实证分析。

（一）相关指标的构建

1.产业结构的相关指标构建

（1）第二产业和第三产业产值占比

在前文的分析中，四川省产业结构的变迁特征是第一产业整体上逐年下降；第二产业在波动中趋于稳定，并有较大的份额；第三产业的发展速度比较快，呈现波动上升的趋势，2018年份额已超过一半，向服务化经济发展。

整体的产业结构变迁符合现代产业升级规律。本文中的第二产业和第三产业的产值占比，即分别占总产值的比重，用 *SIR* 和 *TIR* 表示。

（2）第二产业和第三产业的人均产值

产业结构的变迁是不同产业之间的产值和收入的差别产生的，所以同一地区不同产业的人均产值可以体现产业结构的变迁趋势。四川省当前的主导产业是第二产业和第三产业，因此本文选取了第二产业和第三产业的人均产值来反映四川省的产业结构的变迁趋势。第二产业和第三产业的人均产值分别用 *SLP* 和 *TLP* 来表示，其中，*SLP* 等于第二产业的产值除以第二产业的就业人数，*TLP* 等于第三产业的产值除以第三产业的就业人数。

2. 城镇化发展的指标构建

（1）城镇化发展数量的指标构建

本文选取城镇化率来反映城镇化的发展数量，城镇化率通常以城镇人口占总人口的比例来进行测度，采用的是单一指标的方法，计算简单且具有客观性。城镇化率可以反映地区的城镇化程度，其变动趋势可以反映地区城镇化发展的快慢。城镇化率 *Urb* = 城镇人口/总人口 × 100%。*Urb* 的值越高说明该地区城镇化程度越高。

（2）城镇化发展质量的指标构建

城镇化不仅包括人口城镇化，还包括经济城镇化。农村人口进入城镇生活，能够享受更舒适的生活环境，拥有更多的工作机会，从而拥有较高的稳定收入，所以城镇人口的人均消费水平明显高于农村人口。因此，本文选取了城镇人口人均消费水平来度量城镇化发展的质量，符合城镇化经济进程的发展规律，简单、直观且合理。本文中城镇居民的人均消费水平用 *PLC* 来表示，这个指标的值可以直接从历年《四川统计年鉴》中获取。

（二）模型构建和实证分析

1. 模型构建

本文从产业结构相关指标对城镇化发展数量和发展质量的影响角度进行分析。产业结构对城镇化发展数量的影响分析，研究的是第二产业产值占比和第三产业产值占比对城镇化率的影响关系，因此，构建如下回归模型：

$$Urb = \alpha_0 + \alpha_1 SIR + \alpha_2 TIR + u_1 \qquad (1)$$

模型（1）中，Urb 是城镇化率，α_0 代表常数项，SIR 代表第二产业产值的占比，TIR 代表第三产业产值的占比，α_1、α_2 分别是两个变量的系数，u_1 是随机误差项。

产业结构对城镇化发展质量的影响分析，研究的是第二产业和第三产业的人均产值对城镇居民人均消费水平的影响关系，构建回归模型如下：

$$PLC = \beta_0 + \beta_1 SLP + \beta_2 TLP + u_2 \qquad (2)$$

模型（2）中，PLC 代表城镇居民人均消费水平，β_0 是常数项，SLP 和 TLP 分别代表第二产业和第三产业的人均产值，β_1、β_2 是两个变量的系数，u_2 是随机误差项。

2. 实证分析

新型城镇化主要体现为第二产业和第三产业的集聚和升级，本文对模型（1）和模型（2）进行了实证分析。

（1）产业结构对城镇化发展数量的影响分析

通过数据查找和运算，模型（1）中涉及的指标数据见表7。

表7 模型（1）中各指标的数值

单位：%

年份	城镇化率	第二产业产值占比	第三产业产值占比
2000	26.70	36.48	39.45
2001	27.20	36.61	40.52
2002	28.20	36.69	41.14
2003	30.10	37.78	41.06
2004	31.10	39.02	39.35
2005	33.00	41.53	38.41
2006	34.30	43.44	38.20
2007	35.60	44.01	36.75
2008	37.40	46.21	36.20

年份	城镇化率	第二产业产值占比	第三产业产值占比
2009	38.70	43.27	41.14
2010	40.20	45.98	39.80
2011	41.80	47.78	38.25
2012	43.50	47.08	39.32
2013	44.90	46.90	40.33
2014	46.30	44.99	42.63
2015	47.70	44.08	43.68
2016	49.20	40.84	47.23
2017	50.80	38.75	49.73
2018	52.30	37.67	51.45

通过 SPSS 进行回归分析和检验后，得到结果见表8。

表8　模型（1）的回归分析和检验结果

变量	标准化系数	t	Sig.
第二产业产值占比	0.803	19.740	0.000
第三产业产值占比	0.989	24.326	0.000
R^2	0.978		
DW 值	1.451		
F 统计量	354.032		

从回归结果可以看出，城镇化率与第二、第三产业产值的占比呈正相关，且 R^2 值为0.978，拟合程度较好，标准化系数和 t 值均通过检验，DW值为1.451 合理，F 统计量为354.032，模型（1）回归效果较好，能够较好地解释城镇化率，第二产业和第三产业的产值占比的增加能够促进城镇化水平的提升。第三产业产值占比的标准化系数高于第二产业产值占比，说明第三产业的发展对城镇化发展的贡献相对高于第二产业。

（2）产业结构对城镇化发展质量的影响分析

产业结构对城镇化质量的影响研究的是第二产业和第三产业的人均产值对城镇人口人均消费水平的影响，即模型（2），通过查找和计算数据，相关指标数据见表9。

表9　模型（2）中各指标的数值

单位：万元

年份	第二产业人均产值	第三产业人均产值	城镇人口人均消费水平
2000	1.65	1.35	0.53
2001	1.81	1.45	0.57
2002	1.93	1.55	0.59
2003	2.22	1.69	0.63
2004	2.72	1.89	0.70
2005	3.31	2.09	0.76
2006	3.99	2.27	0.83
2007	4.36	2.77	0.96
2008	5.25	3.16	1.06
2009	5.36	3.96	1.17
2010	6.65	4.56	1.35
2011	8.30	5.25	1.57
2012	9.11	5.96	1.66
2013	9.87	6.62	1.80
2014	10.06	7.38	1.93
2015	10.28	7.78	2.01
2016	10.33	8.99	2.12
2017	10.89	10.43	2.30
2018	11.54	11.62	2.45

通过 SPSS 进行回归分析后，得到结果见表 10。

表10　模型（2）的回归分析和检验结果

变量	标准化系数	t	Sig.
第二产业人均产值	0.529	20.905	0.000
第三产业人均产值	0.481	19.002	0.000
R^2	0.999		
DW 值	1.340		
F 统计量	9032.979		

从表 10 中可以看到，城镇人口人均消费水平与第二产业的人均产值和第三产业的人均产值存在正相关，标准化系数和 t 值通过检验，R^2 值为

0.999，DW 值为 1.340，F 统计量为 9032.979，这些检验结果说明模型（2）的回归拟合效果优良，对城镇人口的人均消费水平解释能力较强，且从城镇化发展的质量角度来看，两者解释能力差不多，第二产业的贡献率略大于第三产业，但差距不大，说明第三产业的劳动生产率还有提升空间。

综上，产业结构的相关指标能够很好地解释城镇化指标，且存在正相关，这说明四川省产业结构的升级发展能够促进城镇化水平的提升。

五 主要结论及政策建议

1. 主要结论

2000～2018 年，四川省产业结构和城镇化均实现了快速发展。一方面，产业结构不断优化升级，尤其是第二产业和第三产业的产值快速增长，为农村人口的转移提供了大量就业机会，促进了四川省城镇化的发展；另一方面，人口城镇化促进经济城镇化，反过来推动了产业结构的转型升级，使其更加合理、协调。本文对四川省历年产业结构和城镇化发展情况进行了比较研究和实证分析，得出了四川省目前的产业结构和城镇化处于往更高阶发展的阶段的结论。

四川省产业结构呈现以第二、第三产业为主的特征。在产值结构方面，2000 年以来，产业结构逐渐优化升级，第一产业的产值占比基本逐年下降，第二产业和第三产业发展迅速，占比不断提高，到 2018 年，第二、第三产业的产值占比达到近 96%，尤其是第三产业的产值占比已超过 50%，形成了以第二、第三产业为主的产业体系。在产业就业结构方面，大量农业就业人口转移到第二产业和第三产业，就业结构越来越合理。但是对比三次产业的产值和产业结构占比情况，第一产业的生效效率较低，还处于比较落后的状态，现代农业发展缓慢，第二产业和第三产业对就业人口的吸纳能力还有提升的空间。

四川内部城镇化发展水平差异较大且不均衡。虽然四川省的城镇化得以快速发展，但不同市州之间发展水平不均衡的情况较为严重。21 个市州中，城镇化率最高的是成都，达到 73.12%，最低的是甘孜州，仅为 31.66%，其他市州处于两者之间，但是城镇化率差异较大，川西的城镇化水平明显低于其他地区，这也与四川省的地理结构相关，欠发达地区的城镇化发展较为缓慢，还需要更有力的产业进行支撑。

产业结构与城镇化发展相互促进，且符合发展规律。产业结构方面，第一产业产值占比整体上持续下降，第二产业产值占比趋于稳定，第三产业产值的占比则整体上呈增长的发展趋势，产业就业结构也是类似，这符合现代产业的发展规律。城镇化发展方面，随着产业和经济的持续发展，城镇化率不断提升，产业结构和城镇化的发展相互促进。本文在实证部分从城镇化的发展数量和质量两个方面来验证了四川省产业结构的发展对城镇化水平的影响，认为产业结构水平的提升能够促进城镇化的发展，并且城镇化发展会倒推产业的优化升级。

2. 政策建议

一是继续引导产业结构升级发展。四川应当继续适应经济新常态，持续深化供给侧改革，继续强力引导产业结构升级，加快产业集聚，强调产业发展的质量和结构优化，平衡好经济的总量增长与产业的结构优化。做好产业结构的提前设计，把握好产业结构的发展方向，引导产业向高级化和合理化方向发展，同时更加注重城镇化发展的质量与效率，使产业结构的配套设计与城镇化发展的规划相适应，两者之间的相互促进效用更好。出台创新政策，支持传统产业转型升级，积极培育新兴产业，继续发展优势产业，提高产业附加值，构建效率更高的现代产业体系。鼓励不同地区出台差异化的产业发展政策，重点发展符合当地基础的产业，优化区域内的产业结构，促进全省城镇化均衡发展。制定有效且符合产业发展的就业政策，引导农村就业人口向城镇集聚。此外，针对不同的产业和行业出台有力政策，促进各产业内部的结构协调化发展，助力城镇化发展。

二是优化城镇空间和产业布局。各地应该做好有针对性和特色的城镇规划和产业发展规划，引导产业和城镇化发展相互适应、相互协调，并促进产城融合。在优化城镇空间布局方面，着力发展县域和小城镇，这两者是促进城镇化发展的重要载体，要倾注更多的政策资源对其进行布局发展，积极开发城镇新区和开发区，接纳农业人口的转移。在产业布局方面，根据不同区域基础和特色，成都平原城市群以成都为核心，以德阳、绵阳、乐山、眉山、资阳等城市为支撑，加快发展现代服务业、先进制造业、高技术产业、战略性新兴产业和现代农业；川南城市群以自贡、泸州、内江、宜宾等城市为中心，大力发展饮料食品、机械装备制造、综合化工、能源电力、新材料、节能环保等产业；攀西城市群以攀枝花和西昌为中心，加快发展钒钛、稀土等优势资源特色产业，积极发展特色农业和生态旅游；川东北城市群以南充、达州、广元、遂宁、广安、巴中等城市为中心，重点发展清洁能源和石油天然气化工、农产品加工等产业。

三是加快农业现代化和产业化发展。从现状分析中可以看到，四川省的农业即第一产业比重虽然整体上持续降低，但是就业人数占比与产值占比相较而言，还比较高，这说明四川省的农业发展水平还比较落后，生产效率比较低。因此，应该加快农业的现代化和产业化发展，与城镇化同步发展，催生农村经济新业态。加快推进农业供给侧结构性改革，创新农业科技和经营机制，不断提升现代化水平。加快推进现代农业示范县、重点县建设，力争创建多个现代农业示范区。加强农村基础设施建设，加强对农村劳动力的技能培训，帮助农民增产增收。推动农业人口市民化，制定创新政策，实施户籍改革，降低农村人口市民化成本，从而促进城镇化发展。

参考文献

四川省统计局：《四川统计年鉴 2019》。

于骥：《产业结构变迁影响我国城镇化实证分析》，《上海经济研究》2017 年第 4 期。

韩立达、牟雪淞、闫俊娟：《经济增长、产业结构升级对人口城镇化的影响研究——基于四川省数据的分析》，《经济问题探索》2016 年第 10 期。

杨文举：《中国城镇化与产业结构关系的实证分析》，《经济经纬》2007 年第 1 期。

王杰：《重庆市产业结构对城镇化的影响研究》，硕士学位论文，重庆工商大学，2014。

吴振明：《四川新型城镇化如何走高质量路径?》，《四川省情》2019 年第 12 期。

B.12
成都都市圈产业发展现状及对策

易晓芹*

摘　要：　发展都市圈不仅是区域协调发展新机制的突破口，也是重塑城市区域格局的重要手段，成都都市圈正在努力整合区域内的资源，通过发挥产业比较优势，推动都市圈经济高质量发展。本文以成都都市圈成员城市为研究对象，着重分析各成员城市产业发展概况、演变及特点，在此基础上以三次产业相关数据为基础，通过测算产业结构相似系数，分析成都都市圈产业结构相似性，从动态的角度把握成都都市圈的产业协同发展情况，提出有针对性的都市圈产业发展政策和建议。

关键词：　成都　都市圈　产业发展　产业协同

2020年1月3日，中央财经委员会第六次会议上提出推动成渝地区双城经济圈建设。成都都市圈作为成渝城市群的一个"子集合"，早在2013年四川省政府发布的《四川省主体功能区规划》中作为城镇化战略格局规划的"一核"被提出；2016年，国务院审定同意《成渝城市群发展规划》，该规划提出要加快成都与德阳、资阳、眉山等周边城市的同城化进程，以成都平原为主，包括成都、德阳、资阳、眉山全域的成都都市圈发展格局进入新的发展时期。成都都市圈位于四川省中部，以成都为中心，德阳、资阳、

---

* 易晓芹，四川省工业经济发展研究中心中级经济师，主要研究方向为产业经济。

眉山三市为成员城市，2018 年末成都都市圈总面积为 33129 平方公里，常住人口为 2537.1 万人，经济总量达到 19879.19 亿元，约占四川省地区生产总值的 50%（见表1），2018 年成都都市圈经济增长量约为全省经济增长量的 1/2，是四川省核心增长极。

表1 2018 年成都都市圈主要经济指标对比

区域		地区生产总值（亿元）	人均地区生产总值（元）	常住人口（万人）	固定资产投资（亿元）	财政收入（亿元）	进出口总值（亿元）	申请专利（件）
都市圈成员	成都	15342.77	94782	1633.0	8341.1	1424.2	4983.2	107801
	德阳	2213.87	62569	354.5	1125.9	117.6	126.8	6577
	资阳	1066.53	42112	251.2	524.6	52.8	13.7	830
	眉山	1256.02	42157	298.4	1031.6	103.2	46.3	2103
成都都市圈		19879.19	78354	2537.1	11023.2	1697.8	5170.0	117311
四川省		40678.10	48883	8341.0	28065.3	3910.9	5947.9	53805

资料来源：《四川统计年鉴 2019》。

一 成都都市圈产业发展概况

成都作为都市圈的核心城市，2018 年地区生产总值为 15342.77 亿元，同比增长 8.0%。其中，三次产业增加值分别为 522.59 亿元、6516.19 亿元和 8303.99 亿元。三次产业结构也在继续调整，第一产业和第二产业占比分别下降 0.3 个百分点和 0.5 个百分点，第三产业占比上升 0.1 个百分点，三次产业结构调整为 3.4∶42.5∶54.1，呈现较为理想的"三二一"产业结构。2018 年成都三次产业对经济增长的贡献率分别为 1.6%、37.1% 和61.3%，第三产业呈现快速发展趋势。从具体产业来看，2018 年成都市农林牧渔业生产稳定，实现总产值 909.3 亿元，比上年增长 3.4%；规模以上工业增加值增长 8.5%，其中电子信息产品制造业、食品饮料及烟草业、冶金业、机械产业分别增长 14.3%、11.6%、22.8% 和 13.9%；高技术制

造业增长较快，规模以上高技术制造业增加值增长 15.3%，增速高于规模以上工业增加值 6.8 个百分点。

德阳作为都市圈重要的装备制造基地，是辐射川北的重要门户。2018 年地区生产总值为 2213.9 亿元，比上年增长 9.0%，经济总量突破 2000 亿元大关。三次产业增加值分别为 243.3 亿元、1071.1 亿元和 899.5 亿元，其中第三产业发展较快，增速为 10.0%。2018 年，德阳三次产业结构为 11.0∶48.4∶40.6，呈现"二三一"产业结构，第二、第三产业占比均在 40% 以上。从具体产业来看，工业方面，规模以上工业增加值比上年增长 8.8%，其中，规模以上高技术（制造业）产业增加值比上年增长 12.8%，增速比规模以上工业平均水平高 4 个百分点；高技术（制造业）产业占规模以上工业的比重达 8.2%，比上年提高 0.2 个百分点；战略性新兴产业比上年增长 14.3%，其中高端装备制造业增长 21.4%，新能源产业增长 21.1%。

资阳是成都都市圈东向对接重庆的关键节点城市，2018 年地区生产总值为 1066.5 亿元，比上年增长 7.8%。三次产业增加值分别为 166.8 亿元、507.6 亿元和 392.1 亿元，第二、第三产业发展较快，增速分别为 8.8% 和 8.1%。2018 年资阳三次产业结构为 15.6∶47.6∶36.8，呈现典型的"二三一"产业结构，但与 2017 年相比，产业结构仍在优化中，虽然第二产业仍然占主导，但是第三产业占地区生产总值比重较 2017 年上升 1.8 个百分点；第一、第二产业占地区生产总值比重分别较 2017 年下降 0.1 个和 1.7 个百分点。从具体产业来看，2018 年资阳农林牧渔业总产值 295.3 亿元，比上年增长 3.8%；工业方面，工业增加值同比增长 10.7%，其中，汽车制造、医药、食品、轻纺鞋、轨道交通产业规模以上工业企业增加值增长 8.3%，对规模以上工业增加值的贡献率为 47.8%，拉动规上工业增加值增长 5.1 个百分点。

眉山作为成都都市圈辐射川南的门户，2018 年地区生产总值为 1256.02 亿元，增长 7.5%。三次产业增加值分别为 186.50 亿元、554.46 亿元和 515.06 亿元，其中第三产业发展迅速，同比增长 9.5%。三次产业结构由

2017 年的 14.9∶45.5∶39.6 优化为 14.8∶44.2∶41.0，呈现"二三一"产业结构，第三产业正加速赶超第二产业，三次产业对地区生产总值增长的贡献率分别为 7.3%、48.0% 和 44.7%。从具体产业来看，眉山农作物总播种面积、粮食产量及肉类总产量均实现增长；工业方面，工业增加值增长 9.0%，电子信息、新能源新材料、农产品及食品加工、机械及高端装备制造、绿色化工、医药产业实现规模以上工业总产值 1148.3 亿元，占眉山工业总产值的比重为 82%；战略性新兴产业增速达到 15%。

二 成都都市圈产业结构分析

（一）成都都市圈产业结构演变

成都作为四川省的省会，同时是国家中心城市，近年来发展十分迅速，目前正在从单一的圈层城市模式向"一山两翼"的城市模式迈进。得益于优越的地理位置，围绕成都周边的德阳、资阳、眉山三市近十年来也发展迅速，成都都市圈产业结构不断趋于优化。

1. 成都

2009 年以来，成都一直保持"三二一"产业结构，大力发展第二产业的同时，第三产业进入快速发展的新时期，在"三二一"产业结构形态上的优势越发明显，尤其是近几年在地区生产总值中所占比重迅速提升。第二产业在原有工业基础之上，虽然发展速度落后于第三产业，但是总体仍然呈现稳步提升之势。第一产业因为总量不大，发展速度较慢，所以在地区生产总值中的份额一直偏低，且呈现下降趋势，图 1 反映了 2009～2018 年成都市三次产业增加值变动情况。2009 年以前成都市第二产业与第三产业发展水平基本相当，但在近几年近乎爆发式的增长推动第三产业在地区生产总值中的比重快速提升，相应的第二产业所占比重相对降低。未来随着新经济的不断涌现，成都市仍将继续保持"三二一"产业结构形态，并实现产业结构进一步优化升级。

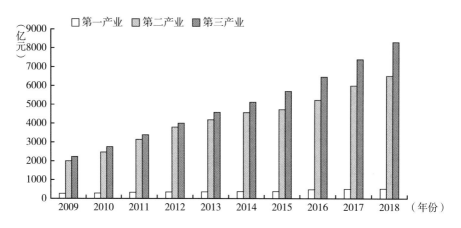

图1　2009～2018年成都市三次产业增加值变化

资料来源：2009～2018年成都市国民经济和社会发展统计公报。

2. 德阳

德阳作为我国重大装备制造业基地，拥有一批国内一流、世界知名的重装制造企业，如中国第二重型机械集团、东方电机、东方汽轮机、四川宏华石油设备有限公司等。工业基础雄厚的德阳自融入成都都市圈以来，以装备制造业为代表的第二产业一直占主导地位，整体上保持增长态势。不过，德阳最近几年第三产业呈现加速发展趋势，与第二产业的差距逐步缩小，在地区生产总值中的占比开始提升。图2反映了2009～2018年德阳市三次产业增加值变动情况。由于第一产业增速较慢，第一产业在地区生产总值中所占比重并不高，并一直处于下降的趋势；相反，第二产业整体上保持高速增长，虽然在2017年略有下滑，但在2018年重新归于上升趋势；第三产业在缓慢增长后出现大幅上升的趋势，有望在工业得到良好发展的基础上焕发新活力。总体来看，德阳仍然为"二三一"产业结构，但是随着第三产业的快速发展，产业结构有望得到进一步优化调整。

3. 资阳

资阳是成渝经济区的重要组成部分，直接连接成都和重庆两个国家中心城市。成渝双城经济圈的提出为资阳带来难得一遇的发展契机。"十二

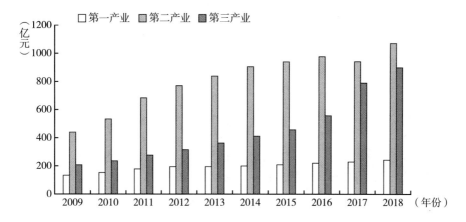

图2 2009～2018年德阳市三次产业增加值变化

资料来源：2009～2018年德阳市国民经济和社会发展统计公报。

五"期间，资阳汽车、食品、纺织、医药、建材产业得到快速发展，第二产业呈现快速增长趋势，但是2016年由于国家出于宏观战略层面考虑，提出多项供给侧结构性改革相关政策，资阳第二产业受到较大影响，出现较大幅度缩减，并呈现递减趋势。图3反映了2009～2018年资阳市各产业增加值变动情况。同样，资阳第一产业也出现先持续增长、后大幅走低的趋势。相反的，第三产业除在2016年出现小幅降低，其余均呈现持续增长趋势，与第二产业差距逐渐缩小。截至2018年底，资阳三次产业结构由2009年的27.3∶47.3∶25.4调整为2018年的15.6∶47.6∶36.8。资阳为典型的"二三一"产业结构，仍然存在很大的调整空间。

4. 眉山

眉山作为全省最年轻的地级市，在工业发展上具有强烈的紧迫感。由于眉山传统产业基数大，第二产业一直处于主导地位，从图4中就可看出，2017年以前，眉山市第二产业增加值逐年增长，且产业增加值均远高于第一、第二产业，但是随着新兴产业的发展，传统产业面临转型升级的问题不断显现，2017年以后眉山第二产业发展速度放缓，然而第三产业增加值出现明显的加速增长。眉山市第一产业一直保持低速增长，第二产业在经历持续增长后出现下滑，第三产业在2017年以来呈现快速发展，2017～2018年

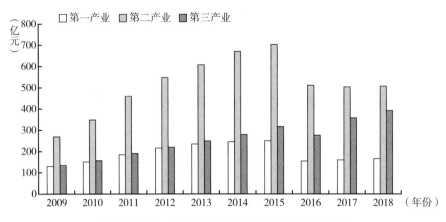

图3 2009～2018年资阳市三次产业增加值变化

资料来源：2009～2018年资阳市国民经济和社会发展统计公报。

增加值与第二产业差距进一步缩小。眉山市近年来产业结构调整明显，"三二一"产业结构有望尽快实现。

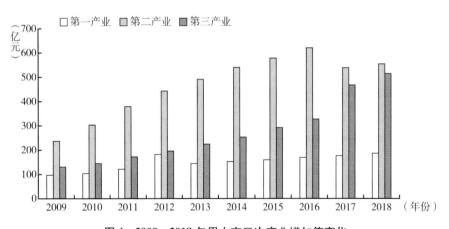

图4 2009～2018年眉山市三次产业增加值变化

资料来源：2009～2018年眉山市国民经济和社会发展统计公报。

（二）成都都市圈产业结构特征

1. 工业仍占主导地位，产业结构需进一步优化

运用钱纳里工业化阶段理论分析，根据成都都市圈内各成员城市三次产

业发展的不同水平，本文认为成都市作为首位城市，"三二一"产业结构已持续十年之久，且第三产业持续增长，近几年第三产业与第二产业差距不断扩大，可以判断目前成都市正处于工业化后期阶段；其他三个都市圈成员城市，产业结构仍然为"二三一"发展态势，虽然第三产业均整体上呈现增长趋势，但是仍然以第二产业为主导，可以判断三个都市圈成员城市正处于工业化中期阶段。总体来看，成都都市圈产业结构以工业占主导地位，除成都市第三产业赶超以外，其余成员城市仍需加快第三产业发展，不断优化产业结构。

2. 都市圈产业差异化不大，互补性并不强

2008～2019 年，成都都市圈各成员城市一直在谋求产业转型升级，第二产业尤其是工业得到迅速发展，但是随着供给侧结构性改革相关政策的实施，传统的工业企业面临去产能，第三产业增加值迅速提升。成都市在推动食品饮料、电子信息、汽车制造等传统产业改造升级的基础上，集中力量重点发展新一代信息技术、航空航天、新型材料等先进制造业，同时推动生产性服务业与先进制造业、现代农业深度融合，大力发展新经济，形成现代产业体系。德阳在推动五大传统产业转型升级基础上，着力发展战略新兴产业，尤其是高端装备制造业。资阳大力发展高端装备制造、全链口腔产业、电子信息配套三大产业，其中，中国牙谷是重中之重。眉山正着力将电子信息、新能源新材料、农产品及食品加工三个产业打造成千亿元产业，将机械及高端装备制造、绿色化工、医药三个产业打造成五百亿元产业。因此，只有都市圈各成员城市产业差异化发展，才能有助于产业结构内部实现互补。

3. 围绕主导产业，同城一体化发展正在加强

随着转型升级的不断深入，成都都市圈各成员城市基于自身优势都在不断调整主导产业的发展。近几年，同城化发展合作优势开始显现，成都都市圈内基建联通、产业分工和机制三个维度同向发力，成员城市间各类产业在更大范围内实现有序转移、合理分布。东向来看，借力成都"东进"战略进一步深化"成资一体化"发展，天府国际机场的建成以及空港新城的建设为资阳的产业转型带来了难得机遇；南向来看，国家级新区——天府新区的设立与迅速发展，促进了成都、眉山两市联动发展，为眉山带来了更多投资关

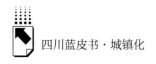

注，"成眉一体化"发展进入了新的阶段；北向来看，青白江国际铁路港与德阳国际铁路物流港一脉相承，"蓉欧＋"班列成为"成德同城化"的发展引擎。

三 成都都市圈三次产业结构相似性测度

成都都市圈产业结构存在两种不同的发展态势，即"三二一""二三一"产业结构并存。虽然各成员城市近几年第三产业均呈现快速增长，但是第二产业仍然处于优势地位，因此难免出现产业结构趋同情况。产业同构会导致恶性竞争，地区间恶性竞争必然影响和制约产业协同发展，由此，对成都都市圈内各成员城市的产业结构相似性进行测度，可以更加清晰地反映成都都市圈产业协同发展水平。产业结构的相似程度一般用相似系数来衡量，其目的在于分析测算区域间产业构成的异同情况，为产业结构调整提供参考依据。

产业结构相似系数计算见公式（1）。

$$S_{ef} = \sum_{i=1}^{n}(x_{ei}x_{fi}) / \sqrt{\sum_{i=1}^{n}x_{ei}^2 \sum_{i=1}^{n}x_{fi}^2}(0 \leq S_{ef} \leq 1) \tag{1}$$

公式（1）中，S_{ef}表示e、f两个地区的产业结构相似程度；x_{ei}表示i产业在e地区生产总值中所占的比重；x_{fi}表示表示i产业在f地区生产总值所占的比重。一般来说，S_{ef}数值在［0，1］区间，S_{ef}值如果接近1，说明比较的两个区域间产业结构相似；相反，S_{ef}值如果接近0，说明比较的两个区域间产业结构差异大。根据2018年成都都市圈内各成员城市的国民经济和社会发展统计公报，参照产业结构相似系数公式计算结果见表2。

表2　2018年成都都市圈成员城市产业结构相似度

	德阳	资阳	眉山
成都	0.97	0.95	0.97
德阳	—	0.99	0.99
资阳	—	—	0.99

表 2 数据显示，成都都市圈内各成员城市产业结构相似系数最低为 0.95，最高为 0.99，相似系数值均接近 1，因此得出成都都市圈内产业结构具备高度相似性，其中成都与德阳、资阳、眉山三市的产业结构相似系数相对较低，最低为与资阳的 0.95，成都之外的其他成员城市产业结构相似系数均达到 0.99。由此可见，成都都市圈内产业同构现象比较严重，区域间分工合作仍然不尽合理，各成员城市比较优势均未得到充分发挥。

四 成都都市圈产业协同发展 SWOT 分析

（一）优势分析（S）

核心城市成都的辐射带动作用显著增强。2009 年以来，成都市的经济总量快速提高，2018 年地区生产总值翻了四番。在 2018 年全国省会城市首位度排名中，成都位居第一。首位度的提升，带来了人口及各种经济要素（商品、资金、信息等）不断涌入，全省各种经济要素的不断流入，又为成都产业升级提供了强力保障，有效增强了成都的辐射带动作用。成都的转型升级又为其他成员城市承接产业转移提供良好的契机。近几年，成都市金融服务、现代物流、高端中介等第三产业快速发展，德阳、资阳、眉山作为成员城市，受惠于成都市提供的各项便利服务，各成员城市间产业的分工和协同进一步优化。

（二）劣势分析（W）

成都都市圈整体发展不平衡。成都都市圈近几年的飞速发展，受到了各界的关注。2018 年，成都都市圈地区生产总值达到 1.7 万亿元，属于典型的崛起型都市圈，但是崛起型都市圈多数中心城市处于虹吸阶段，中心城市与周边城市的人均地区生产总值差距都在扩大。成都都市圈也存在该现象，成都的发展遥遥领先于其他三个成员城市，2018 年成都地区生产总值突破 1.5 万亿元，成员城市德阳为 1000 亿元，资阳、眉山都仅有 500 亿元，都市圈内发展不平衡性显著。此外，从全国区域城市都市圈发展来看，也存在不均衡。近年来，成都

都市圈虽然发展迅速，但是与发达型都市圈，如上海、深莞惠等大都市圈，仍然存在很大差距，作为核心城市的成都市2018年经济体量仅为上海的50%。

（三）机遇分析（O）

成都都市圈内成员城市同城化进程显著加快。2016年《成渝城市群发展规划》提出加强成都与周边城市德阳、资阳、眉山同城化发展，为进一步打破行政区域的限制，四川省成立了四川省推进成德眉资同城化发展领导小组。在四川省推进成德眉资同城化发展领导小组的统一安排和部署下，各成员城市主动加强交流合作，定期组织各方领导互访和会商。在同城化空间发展重构下，圈内各成员城市产业协作加强，成德临港经济产业带、成眉高新技术产业带、成资临空经济产业带建设正在加速推进。未来，成都都市圈将形成优势互补的区域经济格局。

（四）挑战分析（T）

产业结构相似程度高，未形成有效分工合作。虽然成德眉资同城化进程显著加快，但是通过前文计算成都都市圈三次产业结构的相似系数，显示成都都市圈内产业同构现象问题突出，除成都市外，德阳、资阳、眉山三市产业结构非常接近，产业雷同的现象较为明显，同质化竞争严重。成都都市圈内各成员城市间缺乏合理的产业分工与合作，导致产业分工水平低，从而制约区域内产业协同发展。此外，成都都市圈产业布局并未形成统一的规划，将不利于产业有序发展，影响产业竞争能力和协同能力的提升。[①]

五 推动成都都市圈产业发展的政策建议

（一）进一步优化产业结构

成都都市圈各成员城市产业结构不断优化，第一产业份额不断降低，第

---

① 陈宜海：《合肥都市圈产业协同性研究》，硕士学位论文，安徽大学，2017。

二产业呈现较为稳定的增长，第三产业快速增长，这是符合产业结构演变规律的。但是，部分城市第二产业出现下滑，相关专家认为我国仍处于工业化后期，工业高质量发展是基础，必须在此基础上大力发展第三产业，从而进一步调整产业结构。

（二）缩小圈内外区域发展不均衡

成都都市圈作为新兴的崛起型都市圈，比较优势还未得到充分发挥，仍然有很大的提升空间，都市圈应对各产业实施质量、效率变革，提升产业内生动力，缩小与发达型都市圈的差距。都市圈内，成都市要逐渐转变虹吸效应为辐射效应，带动引领周边成员城市产业有序发展，缩小圈内成员城市间差距。

（三）落实产业协同发展政策

四川省推进成德眉资同城化发展领导小组的成立，为都市圈的发展提供了组织保障，在都市圈领导小组的带领下对产业发展制定一个整体的中长期规划，推动都市圈产业协同发展。在制定区域产业规划和发展过程中，各成员城市应紧抓落实、积极对接、统筹规划、协调合作，做出"双赢"选择。

（四）探索产业协同激励机制

成都都市圈需要探索建立产业协同奖励和协调机制，吸引各成员城市积极融入都市圈产业协同体系。各成员城市各级政府要对成都都市圈有认同感，明确自身在产业协同中的定位，发挥激励主体作用，出台相关政策法规。此外，成都都市圈需要建立知识产权保护和利益补偿机制，保护产业协同中的相关研究成果。

（五）建立圈内产业链共生系统

推动成都都市圈产业协同发展，需要聚焦产业结构与产业组织的互动，形成产业链共生系统，建立以成都为资源配置中心，以德阳为制造业基地，

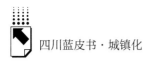
以资阳、眉山为产业链上下游配套的都市圈产业协同发展一体化共生模式。在此基础上，制定实施成都都市圈产业协同发展专项规划，突出各成员城市区域特色和专业化分工。

参考文献

四川省统计局：《四川统计年鉴2018》。

罗若愚、赵洁：《成渝地区产业结构趋同探析与政策选择》，《地域研究与开发》2013年第5期。

王应贵、娄世艳：《东京都市圈人口变迁、产业布局与结构调整》，《现代日本经济》2018年第3期。

李虹、张希源：《区域生态创新协同度及其影响因素研究》，《中国人口资源与环境》2016年第6期。

Abstract

The book includes three parts. The first part includes two general reports. The Measure of Urbanization Level in Sichuan analyzed the levels of urbanization rate in 31 provinces and in 21 cities of Sichuan province in 2018. We also use "the Sichuan comprehensive evaluation index system of urbanization level" model that measured 21 cities of Sichuan province. The purpose of this paper is trying to outline the panorama of urbanization in Sichuan province as a whole, and analyzing the reasons of unbalanced urbanization development of 21 cities and prefectures from the structure. There are some key short board based on the current situation, and some new challenges and opportunities in the future. Healthy city, green production and living, complementing infrastructure and public service weaknesses, urban and community governance, and urban-rural co-ordination will be the top priorities of urbanization construction. The second part takes the theme "Migrant Workers in the new era" to re-examine and deeply analyze the problem of migrant workers from the perspective of history, overall situation and strategy. This paper mainly reviews and describes the historical contributions of migrant workers in Sichuan Province since the reform and opening up by means of field investigation and questionnaire survey. It summarizes the beneficial exploration and experience of migrant workers in Sichuan, analyzes the changes and mechanisms of migrant workers in Sichuan under the new urbanization and Rural Revitalization development strategy. We also analyze the main characteristics, development orientation, problems and institutional barriers of migrant workers in Sichuan under the background of the new era, so as to provide the basis for the introduction of corresponding policies and measures. The special topics part includes seven reports. Centering around how to deal with the relationship of man between man and man between nature. We mainly study the path selection, the radiation power of central cities, the construction of characteristic towns, the

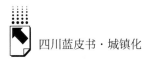

construction of urban circle and the reconstruction of industrial structure in the process of urbanization in Sichuan by the methods of econometric analysis, empirical research and case analysis.

Keywords：New-type Urbanization；Public Service；Rural-urban Differences；Rural Revitalization

Contents

I General Reports

Abstract: This report focuses on the analysis of the urbanization development level of 31 province in 2018, including Sichuan province. then make a in-depth analysis of the urbanization development level of 21 cities in Sichuan province by using the Sichuan comprehensive evaluation index system of urbanization development level of Sichuan province. The results show that in 2018, although the urbanization rate of Sichuan province is still lower than the national urbanization rate, the gap with the national average level is further narrowed. The overall level of urbanization rate of the cities in the economic circle of Chengdu plain is high, while the urbanization level of Ganzi, aba and Liangshan slowly improves. The overall performance of 21 cities (prefectures) in "public services" and "coordinated development" is excellent, while "industrial support" and "infrastructure" are the major weaknesses in the improvement of comprehensive level of urbanization.

Keywords: New-type Urbanization; Urbanization Rate; Measurement of Urbanization Level

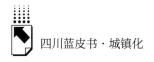

B. 2　The New Trend of Urbanization Development in Sichuan
　　　Province and Its Countermeasures　　　*Project Group* / 026

Abstract：This paper discusses the new situation，the new changes and the
new opportunities of pregnancy of Sichuan's new urbanization under the
background of "the 14th five year plan"，the upgrading of Chengdu－Chongqing
Economic Circle into national strategy and vigorously promoting green
urbanization. On this basis，combined with the stage of urbanization in Sichuan，
some suggestions are put forward from healthy city，green production and life
style，spatial planning，making up for the short board of infrastructure and public
service，urban and community governance，new energy of new economy，and
urban-rural integration.

Keywords：14th Five Year Plan；Chengdu－Chongqing Economic Circle；
Urbanization；Urban Governance

Ⅱ　Migrant Workers and Urbanization

B. 3　Status，Problems and Countermeasures of Migrant Workers
　　　Returning Home to Run Businesses or Obtain Employment

Research Group / 038

Abstract：In the new era，China's migrant workers are changing as a
whole. The number of migrant workers of Sichuan returning to their hometowns
for employment and entrepreneurship has been increasing in recent years，
presenting some new characteristics and new trends. The focus is on policy
support，park construction，service guarantee，entrepreneurship training，
employment recruitment，rural governance and other aspects of the work，guide
migrant workers to return home to start up businesses and find jobs. Combining
prevailed in district 21339 migrant workers questionnaire survey，This paper
considers that migrant workers return home entrepreneurship in sichuan

employment still faces some problems and challenges, including the understanding of the grass-roots work deviation, lack of rural human resources information data, doing business is not optimal, lack of accurate docking channels, lack of management talent long-term system of encouragement, the small town construction lags behind, etc. Put forward six countermeasures and suggestions, such as the scientific guidance, the establishment of human resources data information system and so on.

Keywords: Migrant Workers; Returning Home; Entrepreneurship and Employment; Rural Revitalization

B. 4 Sichuan Migrant Workers: Significance, Contribution and Implication　　　　　*Research Group* / 062

Abstract: Sichuan is a major labor export province in China. It is of great theoretical and practical significance to analyze the historical contribution and policy implications of migrant workers in Sichuan Province, which would improve our knowledge of migrant workers' development and provide further services for them. As a practitioner of Reform and Opening up, Sichuan migrant workers have made significant contributions to economic and social development: at the national level, they are an important part of China's industrialization and urbanization, and a key force for transforming social dual division to inclusive development; in Sichuan Province, they are an important driving force for rural economic development, rural governance and rural poverty reduction. Serving for migrant workers has always been a major concern of policy makers. In doing so, Sichuan is able to offer its policy implications in five aspects: strengthening organizational support, optimizing policy implementation, protecting the legitimate rights and interests of migrant workers, respecting the innovations of migrant workers, and improving the service system for migrant workers.

Keywords: Migrant Workers; Labor Development; Service for Migrant Workers

B. 5　The Current Situation, Problems and Countermeasures of
　　　Sichuan Migrant Workers in the New Era　　*Research Group* / 076

Abstract：The scale of migrant workers in Sichuan is high and stable in
recent years, the employment scale of emerging industries has been expanded, the
comprehensive quality has been continuously improved, the effect of increasing
labor income and poverty alleviation has been outstanding, the awareness of
comprehensive rights protection has been enhanced, the intergenerational
differentiation has become increasingly apparent, the multiple integration of urban
society has been enhanced, and the number of migrant workers returning home has
increased significantly. In the meantime, there are still some problems such as
inadequate understanding of the new changes in the development of migrant
workers, the construction of the working system and mechanism of migrant
workers to be further improved, the lack of policies and the poor business
environment for returning home, and the lagging behind of service supply and
management efficiency in demand. In the future, we should focus on building a
policy system to lead the overall development of migrant workers in the new era,
build a diversified echelon of migrant workers' talent security platform, create a
pattern of mutually promoting and inclusive development of returning home and
entrepreneurship and transfer employment, and create a good service security and
social development environment for migrant workers.

Keywords：Return Home to Start a Business; Migrant Workers; Mutual
Promotion and Integration; Sichuan

Ⅲ　Special Topics

B. 6　Research on the Radiation of Chengdu Central City
　　　based on the Theory of Fracture Point　　*Ran Min* / 092

Abstract：The key to regional coordination is to enhance the radiation driving effect of regional central cities on surrounding areas. Focusing on the theme of enhancing the radiation power of Chengdu's central cities, this paper builds a comprehensive index system to measure the urban radiation of Chengdu in 2009 - 2018. It is found that the radiation of Chengdu to other cities of Sichuan has declined, especially the environmental radiation. Then, based on the fracture point theory, this paper measures the radiation capacity and strength of 17 cities of Sichuan province, and defines the hinterland classification and scope of Chengdu according to the field strength. At last, this paper puts forward five suggestions, which are to construct the flowing space, to strengthen the resource allocation, to optimize the business environment, to build the regional organic whole and to highlight the characteristic advantages.

Keywords: Urban Radiation; Fracture Point Theory; Urban Hinterland; Chengdu

B. 7　The Study on the Development Path of High-quality New Urbanization in Sichuan Province　　*Wu Zhenming* / 104

Abstract: The urbanization of Sichuan Province has shown the development features of late start and fast speed. Under the background of high-quality development, there are many problems in Sichuan's urbanization, such as lagging behind the national average level, interwoven contradictions between urbanization development gap and regional development imbalance, and the urban system and structure need to be improved. We need to take a new urbanization path of "people-oriented, regional coordination," four Modernizations "in the same step, urban and rural planning as a whole, intensive and efficient", and implement the development path of differentiation.

Keywords: New Urbanization; High-quality Development; Metropolitan Area

B. 8   The Current Situation and Analysis of Sichuan Characteristic

Town Construction in the Process of New Urbanization

Zhou Jie / 114

Abstract: Cultivating and developing characteristic towns has become an important hand in the construction of new urbanization, an important platform to promote supply side structural reform, and an important way to promote the overall development of urban and rural areas. There are a large number of towns in Sichuan Province, and the construction of characteristic towns has made some achievements. There are 20 towns with Chinese characteristics in Sichuan Province. However, there are still problems in the construction of Characteristic Towns in Sichuan Province, such as low level of urbanization development, unequal public services and obvious homogenization. Finally, suggestions are put forward to promote the construction of Sichuan characteristic towns from the aspects of adjusting measures to local conditions, giving priority to the market, innovating ideas and highlighting characteristics.

Keywords: Characteristic Town; High Quality and Characteristic; New Urbanization

B. 9   Differences of Basic Public Service between Urban and

Rural Areas in Sichuan Province   *Zhang Xia* / 128

Abstract: This paper contructs the index system of urban and rural basic public service, the urban-rural coordination degree model and obstacle degree model are used to comprehensively evaluate the urban-rural performance gap and urban-rural coordination degree of sichuan basic public service。 According to the data analysis, the overall performance gap between urban and rural areas of basic public services in Sichuan has been gradually reduced from 2008 to 2018, and the four items, including compulsory education, have shown the gap narrowing paths.

At the same time, compulsory education and medical care are important barriers to narrowing the gap between urban and rural basic public services, followed by infrastructure and social security. In terms of the whole province, the gap between urban and rural areas in basic public services has entered a stage of high coordination, but compulsory education and medical and health care are still the biggest obstacles and shortcomings to eliminate the effective gap.

Keywords: Basic Public Services; Gap Measurement; Urban Rural Gap

B. 10　Research on the Promotion of Rural Revitalization

　　　by Trinity　　　　　　　　　　*Tu Wenming, Liang Yuying* / 153

Abstract: On the basis of analyzing the contradictions in the process of promoting the realization of the rural vitalization by "trinity", this paper puts forward a three-stage theory on the agricultural industrialization and more educated farmers and the logic of three stages and four links in the dynamic transformation of urban-rural integration. Based on that, the paper holds that the reform of the rural household registration system, land system and fiscal and financial system can improve the level of knowledge of farmers and promote the modernization of agriculture. Coordination of urban and rural development is the implementation path to accelerate the transformation of agricultural production methods, improve the happiness of farmers and reform the way of rural construction to promote rural revitalization.

Keywords: Rural Revitalization; Trinity; Urban Rural Integration

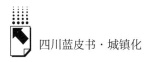
四川蓝皮书·城镇化

B. 11　The Influence of Industrial Structure on Urbanization in

Sichuan Province　　　　　　　　　　　　*Luo Nan* / 167

Abstract：This paper mainly studies the influence of the industrial structure of Sichuan Province on the development of urbanization. Using the relevant data from 2000 to 2018, this paper first analyzes the industrial structure and urbanization development status of Sichuan Province, and further analyzes the relationship between industrial structure and urbanization development in Sichuan Province. Then it makes an empirical study on the impact of industrial structure on urbanization development in Sichuan province. It makes a regression analysis on the impact of industrial structure on the quantity and quality of urbanization development and through testing, draws the conclusion that industrial structure upgrading can promote urbanization development. Based on this, the paper puts forward some suggestions to promote the development of agricultural industrialization and urbanization, such as guiding the up grading of industrial structure, optimizing the spatial distribution and industrial distribution, and accelerating agricultural modernization and industrialization development.

Keywords：Industrial Structure；Urbanization；Sichuan Province；Agricultural Modernization

B. 12　Current Situation and Suggestions of Chengdu

Metropolitan Area Industrial Development　　*Yi Xiaoqin* / 186

Abstract：Developing the metropolitan area is not only the breakthrough of the new mechanism of regional coordinated development, but also an important means to reshape the urban regional pattern. Chengdu metropolitan area is trying to integrate the resources in the region and promote the high quality development of the metropolitan area economy by giving full play to the comparative advantage of industry. This paper takes the member cities of Chengdu Metropolitan Circle as the research object, and analyzes the general situation, evolution and characteristics of the industrial development of each member city. Based on the relevant data of three industrial structure, this paper analyzes the degree of industrial synergy in Chengdu metropolitan area by measuring the similarity coefficient of industrial structure. From the dynamic point of view, this paper grasps the structural similarity development of Chengdu metropolitan area and then put forward the policy and suggestion of the industrial development of Chengdu metropolitan area.

Keywords: Chengdu; Metropolitan Area; Industrial Development; Industry Coordination

权威报告·一手数据·特色资源

皮书数据库
ANNUAL REPORT(YEARBOOK)
DATABASE

分析解读当下中国发展变迁的高端智库平台

所获荣誉

- 2019年，入围国家新闻出版署数字出版精品遴选推荐计划项目
- 2016年，入选"'十三五'国家重点电子出版物出版规划骨干工程"
- 2015年，荣获"搜索中国正能量 点赞2015""创新中国科技创新奖"
- 2013年，荣获"中国出版政府奖·网络出版物奖"提名奖
- 连续多年荣获中国数字出版博览会"数字出版·优秀品牌"奖

成为会员

通过网址www.pishu.com.cn访问皮书数据库网站或下载皮书数据库APP，进行手机号码验证或邮箱验证即可成为皮书数据库会员。

会员福利

- 已注册用户购书后可免费获赠100元皮书数据库充值卡。刮开充值卡涂层获取充值密码，登录并进入"会员中心"—"在线充值"—"充值卡充值"，充值成功即可购买和查看数据库内容。
- 会员福利最终解释权归社会科学文献出版社所有。

社会科学文献出版社 皮书系列
SOCIAL SCIENCES ACADEMIC PRESS (CHINA)
卡号: 166545248837
密码:

数据库服务热线：400-008-6695
数据库服务QQ：2475522410
数据库服务邮箱：database@ssap.cn
图书销售热线：010-59367070/7028
图书服务QQ：1265056568
图书服务邮箱：duzhe@ssap.cn

基本子库
SUB DATABASE

中国社会发展数据库（下设 12 个子库）

整合国内外中国社会发展研究成果，汇聚独家统计数据、深度分析报告，涉及社会、人口、政治、教育、法律等 12 个领域，为了解中国社会发展动态、跟踪社会核心热点、分析社会发展趋势提供一站式资源搜索和数据服务。

中国经济发展数据库（下设 12 个子库）

围绕国内外中国经济发展主题研究报告、学术资讯、基础数据等资料构建，内容涵盖宏观经济、农业经济、工业经济、产业经济等 12 个重点经济领域，为实时掌控经济运行态势、把握经济发展规律、洞察经济形势、进行经济决策提供参考和依据。

中国行业发展数据库（下设 17 个子库）

以中国国民经济行业分类为依据，覆盖金融业、旅游、医疗卫生、交通运输、能源矿产等 100 多个行业，跟踪分析国民经济相关行业市场运行状况和政策导向，汇集行业发展前沿资讯，为投资、从业及各种经济决策提供理论基础和实践指导。

中国区域发展数据库（下设 6 个子库）

对中国特定区域内的经济、社会、文化等领域现状与发展情况进行深度分析和预测，研究层级至县及县以下行政区，涉及地区、区域经济体、城市、农村等不同维度，为地方经济社会宏观态势研究、发展经验研究、案例分析提供数据服务。

中国文化传媒数据库（下设 18 个子库）

汇聚文化传媒领域专家观点、热点资讯，梳理国内外中国文化发展相关学术研究成果、一手统计数据，涵盖文化产业、新闻传播、电影娱乐、文学艺术、群众文化等 18 个重点研究领域。为文化传媒研究提供相关数据、研究报告和综合分析服务。

世界经济与国际关系数据库（下设 6 个子库）

立足"皮书系列"世界经济、国际关系相关学术资源，整合世界经济、国际政治、世界文化与科技、全球性问题、国际组织与国际法、区域研究 6 大领域研究成果，为世界经济与国际关系研究提供全方位数据分析，为决策和形势研判提供参考。

法律声明

"皮书系列"（含蓝皮书、绿皮书、黄皮书）之品牌由社会科学文献出版社最早使用并持续至今，现已被中国图书市场所熟知。"皮书系列"的相关商标已在中华人民共和国国家工商行政管理总局商标局注册，如LOGO（ ）、皮书、Pishu、经济蓝皮书、社会蓝皮书等。"皮书系列"图书的注册商标专用权及封面设计、版式设计的著作权均为社会科学文献出版社所有。未经社会科学文献出版社书面授权许可，任何使用与"皮书系列"图书注册商标、封面设计、版式设计相同或者近似的文字、图形或其组合的行为均系侵权行为。

经作者授权，本书的专有出版权及信息网络传播权等为社会科学文献出版社享有。未经社会科学文献出版社书面授权许可，任何就本书内容的复制、发行或以数字形式进行网络传播的行为均系侵权行为。

社会科学文献出版社将通过法律途径追究上述侵权行为的法律责任，维护自身合法权益。

欢迎社会各界人士对侵犯社会科学文献出版社上述权利的侵权行为进行举报。电话：010-59367121，电子邮箱：fawubu@ssap.cn。

社会科学文献出版社